الإتجاهات الحديثة
في الإدارة التربوية والمدرسية

المؤلف ومن هو في حكمه: أ.د طارق عبد أحمد الدليمي

عنـوان الكتـاب: الإتجاهات الحديثة في الإدارة التربوية والمدرسية

رقم الإيــــداع: (2012/8/2965)

الترقيم الدولي: ISBN 978-9957-90-022-9

* تم إعداد بيانات الفهرسـة والتصنيف الأولية من قبل دائرة المكتبة الوطنية

حقوق الطبع محفوظة للناشر

الطبعة الأولى

2013 م

مركز ديبونو لتعليم التفكير

عضو اتحاد الناشرين الأردنيين

عضو اتحاد الناشرين العرب

يطلب هذا الكتاب مباشرة من مركز ديبونو لتعليم التفكير

عمّان- شارع الملكة رانيا- مجمع العيد التجاري - مبنى 320- ط 4

هاتف: 962-6-5337029 / 962-6-5337003

فاكس: 962-6-5337007

ص. ب: 831 الجبيهة 11941 المملكة الأردنية الهاشمية

E-mail: info@debono.edu.jo

www.debono.edu.jo

الإتجاهات الحديثة في الإدارة التربوية والمدرسية

إعداد

أ. د طارق عبد أحمد الدليمي

جامعة الأنبار

الناشر

مركز ديبونو لتعليم التفكير

بسم اللـه الرحمن الرحيم

(يَرْفَع اللـه الذين آمنوا مِنكُم والذين أُوتوا العِلمَ درجات)

(سورة المجادلة: 11)

المحتويات

مقدمة

إن التقدم المعلوماتي والتكنولوجي في العالم، يفرض علينا التحرك بسرعة كبيرة للحاق به، لأن من يفقد مكانته في هذا السباق يفقد إرادته، كما يفقد صدارته، وهذا ما لا نرجوه ولا نتمناه، ولا يصح أن نتفاعل معه، وخصوصا في مجال التربية والتعليم، الذي يعد المجال الحقيقي والحيوي للتقدم والنهوض.

أن عالم اليوم يتطلب أفرادا ذوي مواصفات خاصة، ومهارات عالية المستوى لمواجهة التحديات التي تواجه كافة المؤسسات ومنها المؤسسات التربوية، من أجل إعداد أفراد لهم دور في عمليات الإنتاج المختلفة كما ونوعا. وفي هذا نرى أن الإدارة التربوية المعاصرة باتت في صلة كبيرة بهذا الدور، خاصة وأنها يشار إليها اليوم على أنها من الضرورات الملحة في قيادة وإدارة مؤسساتنا التربوية بشكل يتلاءم والتطلعات العالية المستوى للوصول إلى تحقيق التنمية الشاملة في كافة المجالات وتحقيق الجودة الشاملة فيها.

ومن خلال هذا التوجه تم إعداد هذا الكتاب ليكون أحد المراجع التي قد يستفيد منه العاملون في مجال الإدارة التربوية والمدرسية والباحثين والطلبة، علما بأنه أخذ بنظر الاعتبار حالات التطور الهائل في مجالات الإدارة وتخصصاتها، والأخذ بنظر الاعتبار أيضا المفردات الدراسية التي يحتاجها الطلبة في مادة الإدارة التربوية والمدرسية قي كليات التربية والمؤسسات التربوية الأخرى، حيث أن الإحساس بحاجة الطلبة لهذه المادة جاء من خلال تدريس معد هذا الكتاب لسنوات عدة هذه المادة، وكم كان يتمنى أن يضع في متناولهم كتاب يتضمن ما يحتاجونه من موضوعات دراسية في هذه المادة التي يدرسونها، ويحتاجون إليها.

تضمن الكتاب ستة فصول، تناول **الفصل الأول** الإدارة: مفهومها، وأهميتها، وتطورها، ومدارسها الحديثة، ومسؤولياتها الاجتماعية وعوامل التغيير، ونظرياتها، وتوجهاتها ووظائفها.

وشمل **الفصل الثاني**: الإدارة التربوية: مفهومها، وأهميتها، وتطورها، وخصائصها،

ونظرياتها، والعوامل الأساسية المؤثرة فيها.

وشمل **الفصل الثالث** أخلاقيات الإدارة التربوية: وضم مواضيع: أخلاقيات مهنة الإدارة التربوية، ومصادرها، ومداخلها، والقواعد الأخلاقية في الإدارة التربوية، والنظريات الأخلاقية، والمشكلات الأساسية في أخلاقيات الإدارة.

وتناول **الفصل الرابع**: الإدارة التربوية وإدارة الجودة الشاملة: ويشمل فلسفة ومفهوم إدارة الجودة الشاملة، ومداخلها، ومبادئها، وعناصرها، ووموشراتها، ومعوقاتها في التعليم، ومتطلباتها وتطبيقها في النظام التعليمي.

وشمل **الفصل الخامس**: الإبداع والإدارة التربوية وفيه:مفهوم الإبداع وأهميته في الإدارة التربوية، وصفات المبدعين، والتفكير الإبداعي، ودور الإدارة التربوية في تنمية الإبداع، وأساليب تنمية التفكير الإبداعي وغيرها...

أما **الفصل السادس** فتناول: الإدارة المدرسية: أهميتها، وأهدافها، ووظائفها، ومستوياتها، وخصائصها، وأساليبها ووقفات في إدارة الصف، والإدارة الإلكترونية... الخ

أتمنى أن أكون قد وفقت في أن أضع هذا الجهد المتواضع بين أيدي من يحتاجه في مجال الإدارة التربوية والمدرسية من مدراء ومدرسين وطلبة وغيرهم....

نسأل الـلـه سبحانه وتعالى أن يوفق الجميع إنه نعم المولى ونعم النصير.

المؤلف

الأستاذ الدكتور طارق عبد أحمد الدليمي

الفصل الأول

الإدارة

يحتوي الفصل على:

- مفهوم الإدارة

- أهمية الإدارة

- تطور الفكر الإداري

- المدرسة الكلاسيكية

- مدرسة السلوك الإنساني

- المدارس الحديثة في الإدارة

- المسؤوليات الاجتماعية للإدارة وعوامل التغيير

- النظريات السلوكية في الإدارة وتشمل:

1. نظرية تفاعل المجموعات
2. نظرية الدافعية الإدارية
3. نظرية المجال
4. نظرية السمات

مفهوم الإدارة:

إن مصطلح الإدارة يحمل كثيرا من المعاني، مما جعل الباحثون والمعنيون في هذا المجال يجتهدون في وضع تعريف محدد له، وعلى هذا الأساس كان كل باحث يجتهد في وضع التعريف الذي يراه مناسبا من الزاوية البحثية التي يطل بها من خلال بحثه الذي يقوم به، ومن بين هذه التعريفات والمفاهيم ما يأتي:

إن الإدارة هي إنجاز الأعمال المطلوبة لتحقيق الأهداف من خلال الآخرين ومعهم، وهي علم وفن، لأنها تعتمد على تطبيق الأساليب العلمية والنظريات والمبادئ المختلفة التي وضعها المهتمون بعلم الإدارة، واعتمادها على الموهبة الشخصية والخبرة والمهارة الفردية للقائمين بها (موسى، 1990، 26، 27).

وعرفها هارولد سميدي (بأنها العمل المبني المتميز الذي يتلخص في قيادة الأنشطة الإنسانية من خلال التخطيط والتنظيم والتجميع والقياس) (الزهيري، 2008، 93).

ومفهوم الإدارة كممارسة: تعني الاستخدام الفعال والكفء للموارد البشرية والمادية والمالية والمعلومات والأفكار والوقت من خلال العمليات الإدارية المتمثلة في التخطيط، والتنظيم والتوجيه والرقابة بغرض تحقيق الأهداف، ويقصد بالموارد هنا: المعلومات والأفكار: تشمل الأرقام والحقائق والقوانين والأنظمة، الوقت ويعني الزمن المتاح لإنجاز العمل، ويقصد بالعمليات الإدارية: التخطيط والتنظيم والتوجيه والرقابة.

وتعد الإدارة فن لأن المدير لا بد وأن يمتلك القدرة الشخصية والمهارة على تطبيق الأفكار والنظريات والمبادئ الإدارية بطريقة ذكية ولبقة تعكس الخبرة والتجربة والممارسة، وهي علم لأننا ندرس في الجامعات نظريات ومبادئ وأفكار إدارية وبذلك يمكننا القول أن الإدارة هي فن وعلم في آن واحد، فالعلم والفن وجهين لعملة واحدة، والإدارة الناجحة هي التي تمثلها ويظهر عليها وفيها استخدام العلم والفن الإداري (الضحيان، 1990، 30).

والإدارة بشكل عام هي فن تخطيط وتنظيم ومتابعة وتقييم الأنشطة المختلفة لتحقيق الأهداف بأقل كلفة في استخدام الموارد البشرية ممثلة بالأفراد الذين يعملون في المنظمة

والموارد المادية ممثلة بكل ما يوجد في المنظمة من مباني وأجهزة وآلات، وجميع المبالغ التي تستخدم لتسيير الأعمال والاستثمارات.

أهمية الإدارة:

تحتل الإدارة مكانا بارزا في مجتمعات اليوم، إذ يتوقف نجاح أو فشل أي مجتمع أو أية مؤسسة في الدرجة الأولى على نوعية الإداريين الذين يتولون القيادة والتوجيه، ومن بين هؤلاء المديرين العاملين في ميدان التربية والتعليم ومدراء المدارس ومن بمعيتهم من المدرسين والعاملين الآخرين.

وتتطلب الإدارة بشكل عام في أي مؤسسة من المؤسسات الاستخدام الأمثل للإمكانات المتيسرة لتحقيق أهداف المؤسسة، والإدارة في المفهوم الحديث وظيفة إنسانية يعتمد نجاحها إلى حد كبير على روح التعاون والمشاركة في المؤسسة وعلى قدرة الإداري في توظيف (السمات- القدرات) على نحو يضمن الحصول على اكبر من الإنتاج (عبد الدايم، 1978، 74).

وفي المجتمعات المعاصرة تتصدر الإدارة مكانة مهمة ومتميزة نتيجة ازدياد النشاطات البشرية وتنوعها، كما أنها وظيفة إنسانية يعتمد في نجاحها على قدرة الإداري في توظيف الطاقات والإمكانات المادية والبشرية للحصول على اعلى مستوى من الإنتاج بأقل كلفة، ووقت وجهد (صالح، 1990، 19)، (سمعان، 1960، 15).

كما إن الإدارة في ميدان التربية والتعليم تعد من المجالات الحديثة، والتي تطور مفهومها تطورا سريعا معتمدا في ذلك على تطور مناهج الإدارة المتنوعة، حيث يرتبط مفهوم الإدارة في ميدان التربية والتعليم، بما طرأ على مفهوم الإدارة من جهة ومفهوم التربية وتطور مؤسسة المدرسة وتعقدها من جهة أخرى. فقد فرضت الإدارة نفسها في التربية حتى صارت إدارة التعليم، والتخطيط، والإشراف، واقتصاديات التعليم، والإدارة المدرسية تدرس في كليات العلوم التربوية في مختلف الجامعات.

والإدارة بحسب موسوعة العلوم الاجتماعية تعني العملية التي يمكن بواسطتها تنفيذ

غرض معين والإشراف عليه، كذلك هي الناتج المشترك لأنواع ودرجات مختلفة من الجهد الإنساني الذي يبذل في هذه العملية، ومرة أخرى فإن تجمع هؤلاء الأشخاص الذين يبذلون معا هذا الجهد في أي منشاة يعرف بإدارة المنشأة أو المؤسسة، أو المؤسسة التربوية أو التعليمية أو الإدارة المدرسية.

وفي حالة كونها نظام: فإنها تتكون من عدة عناصر ووظائف تتمثل في الأفراد والمواد والآلات والإدارات والأقسام، والتي هي في وضع تفاعلي منتظم وديناميكي من أجل تحقيق أهداف محددة، وقد ينظر للإدارة على أنها نظام شامل يتكون من مجموعة من الأنظمة يكمل كل جزء منها ويترابط مع الأجزاء الأخرى، وهنا تعد الإدارة وسيلة وليس غاية في حد ذاتها (العلاق، 1999 ، 11).

كما أن الإدارة ترتبط بالعديد من ميادين العلم والمعرفة وتستخدمها في الكثير من مبادئها، وكان لتطوير العلوم التي تختص بدراسة الإنسان قبل علم النفس وعلم الاجتماع تأثير ملحوظ على الفكر الإداري وتطوره وإثرائه، ومن هنا لا يمكن القول أن الإدارة علم يعيش بمعزل عن التطورات التي تحدث في العلوم الأخرى.فكل تطور في ميدان من الميادين يترك أثرا كبيرا على الإدارة وتزداد المواءمة بين الإدارة والبيئة المتغيرة التي يعيش فيها الإفراد (الغمري، 1982، 23).

وفي ضوء ما تقدم في مجال الإدارة يمكن ملاحظة ما يأتي:

1 ـ إن الإدارة تطبق على الجماعة وليس على الفرد.

2 ـ إن الهدف ضروري ولازم بالطبيعة للإدارة.

3 ـ إن الإدارة ليست تنفيذا للإعمال بل الأعمال تنفذ بواسطة الآخرين.

4 ـ إن الإدارة مسئولة اجتماعيا عن تحقيق منفعة للمجتمع بصفة عامة.

5 ـ إن العملية الإدارية نشاط ذهني موجه لكافة الجهود الجماعية ومخطط لكافة الاتجاهات التي يسلكها مشروع العمل حتى يصل إلى بر الأمان وتحقيق أهدافه المرسومة معتمدا على

أسس ومبادئ بدلا من الارتجال والعشوائية القائمة على محاولات التجربة والخطأ.

وإننا اليوم نجد في كل منظمة سياسية أو اجتماعية أو إنتاجية إدارة تقوم بتحديد الأهداف وتخطيط الأعمال فيها وتنظيمها وتحفيز العاملين باتجاه تحقيق الأهداف، وتتولى رقابة تنفيذ الأعمال بما في ذلك تقويم مدى كفاية الأفراد العاملين في إنجاز المهمات الموكلة إليهم (موسى، 1990، 25).

وإذا أردنا التعرف على وظيفة الإدارة فانه لا غنى عنها لأنها وظيفة لتحقيق الأهداف المرسومة، بمعنى أن الإدارة هي معيار النجاح والفشل، وفي الواقع إن الإدارة نشاط ديناميكي ـ فاعل لاستخدام الموارد المادية والبشرية بفاعلية وكفاءة، وهذا يعني أنها تلعب دورا كبيرا في تعظيم وتفجير الطاقات البشرية والإمكانات المادية، وهذا التعظيم والتفجير إنما يخدم المعنيين كافة، ويحقق أحلامهم ويلبي رغباتهم، ويحافظ على مصالحهم، وهكذا فإن الإدارة تعتبر من أكثر الأنشطة الإنسانية شمولا وأهمية وحيوية (العلاق، 1999، 13).

تطور الفكر الإداري:

إن متابعة المراحل التي مرّ بها الفكر الإداري في تطوره تأتي من خلال تسليط الضوء على المدارس الإدارية والتي يمكن تصنيفها كما يأتي:

1- المدرسة الكلاسيكية في الإدارة:

وتشمل هذه المدرسة على اتجاهين فكريين وهما:

أ- الإدارة العلمية:

لقب فردريك تايلور أبوالإدارة العلمية لأنه أول من نبه إلى دور الإدارة في إرشاد العاملين في المشروع وإحاطتهم علما بما هومتوقع منهم أداؤه وتحديد طرق الأداء، إلى جانب تحفيز العاملين على الأداء، كما ركز على ظاهرة انخفاض مستوى الكفاءة في الأداء وأشار إلى وسائل علاجها وأهمها توفر الإدارة الصالحة القادرة على مسك زمام الأمور وتحقيق أهداف المشروع، كما اهتم بدراسة ظاهرة الإسراف في جهود العاملين والتلكؤ المتعمد في الإنتاج ووضع الحلول اللازمة لتلافيها ووسائل رفع الكفاءة الإنتاجية (حسان والعجمي، 2007، 60).

إن الإدارة العلمية تعتبر أن للإدارة أصولها وممارساتها، وإن للعمل تنظيماته ومتطلباته، ولكل منها وظائفه، وإن العامل امتداد للآلة، وليس ككائن حي له حاجاته الشخصية والنفسية والاجتماعية، وإن العلاقة بين المنظمة أو المؤسسة وبين العاملين فيها، هي علاقة عمل لا تحظى فيها العلاقات الإنسانية بنصيب (سليمان، 1988، 225).

ب- البيروقراطية:

البيروقراطية ظاهرة قديمة جدا، وإن الإمبراطوريات القديمة كانت أيضا بيروقراطيات كبيرة وضخمة، وإن الفراعنة في مصر القديمة وأباطرة الصين بنوا أجهزة بيروقراطية ضخمة جدا (Mises،2007 ، 12 p). وكذلك حاول آخرون من أجل تحقيق سيطرة الحكومة

المركزية على أنحاء الدولة أو الإمبراطوريات المترامية الأطراف، ومع تنوع التجارب في مختلف العصور كانت البيروقراطية موضع نقد متزايد بفعل المصالح الخاصة للبيروقراطيين وهدر الموارد وبطأ الإجراءات وعدم الاهتمام بحاجات المواطنين، ولهذا نجد اليوم أن لا أحد يستطيع القول (أنا بيروقراطي)، ولا يستطيع القول بأني أعمل في مؤسسة بيروقراطية، لأن النظرة السائدة عن البيروقراطية سلبية بدرجة كبيرة (نجم، 2011، 404).

والبيروقراطية تعني حكم المكاتب، ومؤسسها العالم الألماني ماكس ويبر الذي طور مفهوم البيروقراطية في وضعها المثالي من أجل توفير حد أعلى من الكفاية الإنتاجية الذي رأى عن قناعة راسخة بأن الانضباط في العمل حد الالتزام بحرفية القواعد والقوانين واللوائح يجنب المرء احتمالات الانزلاق في الخطأ أو الانحراف عن المعايير الموضوعة، ويؤكد أيضا أن القوانين واللوائح والتشريعات والقواعد هي أسس رقابية ذاتية لا تحتاج إلى تأويلات واجتهادات، وإنما ينبغي الالتزام بها وتنفيذها بحذافيرها، وبدون هذا يحصل ارتباكات في العمل تؤثر في الإنتاجية عاجلا أم آجلا (العلاق، 1999، 61).

إن البيروقراطية ليست نظاما إداريا صرفا، بل هي نمط للتفكير، وقواعد وإجراءات عمل صارمة وعلاقات رسمية لا شخصية وأخيرا سلوكيات وقيم عمل، وهي تتسم بمجموعة واسعة من التي تعبر عن أبعادها السلبية في الإدارة والعمل (Krause and Meier،2003 ، pp10- 11).

وتستخدم البيروقراطية بمعنى العقلانية أو الكفاءة، وفي رأي ويبر أن العقلانية تعني ملاءمة الوسائل بالغايات، وهذا يعني أن التحري في اختيار الوسائل يدل على البيروقراطية المنظمة (نبراي، 1993، 36).

إن البيروقراطية سرعان ما تنشئ قيادة بيروقراطية مماثلة تعمل على سيادة القواعد والإجراءات والعمل على استقرار طرق العمل بطريقة تصبح معها هذه القواعد والإجراءات والطرق هي الغاية في حين يكون الأفراد العاملون والمواطنون هم الوسيلة التي تحقق البيروقراطية أهدافها في تأييد النظام والقواعد والإجراءات (نجم، 2011، 407).

2- مدرسة السلوك الإنساني:

وتعتمد هذه المدرسة على فكرة أساسية مفادها أن الإدارة تنطوي على تنفيذ الأشياء مع الأشخاص ومن خلالهم، فإن دراستها يجب أن تتركز كتحصيل حاصل على العلاقات الشخصية المتداخلة أو ما يطلق عليها مدخل (العلاقات الإنسانية). وتركز هذه المدرسة على المبدأ الذي يقول (حيث الناس يعملون مع بعضهم البعض كجماعات لغرض تحقيق أهداف الجماعة، فمن الضروري أن يفهم الناس بعضهم البعض) (العلاق، 1999، 65).

3- المدارس الحديثة في الإدارة:

إن أبرز المدارس الحديثة في الإدارة هي:

أ ـ مدرسة علم الإدارة:

هي مدرسة توفق بين اهتمام الإدارة العلمية بالإنتاج والكفاءة وعلمية التخطيط. إن مدرسة علم الإدارة تعتبر الكفاءة إنجازا يتبع التخطيط السليم، وأنصار هذه المدرسة يعتمدون على النمذجة والحاسوب للقيام بالعمليات الرياضية والحسابية المعقدة من أجل المساعدة في الوصول إلى تحقيق الأهداف المثلى مثل البرمجة الخطية، نظرية المباراة وصفوف الانتظار ونظرية القرارات التي تطبق في مجالات عديدة لحل المشاكل الإدارية.

ب ـ مدرسة النظم:

تعد التنظيمات الرسمية وغير الرسمية نظاما اجتماعيا كليا في نظرية التنظيم ومن خلال النظام تكون الإدارة أحيانا يزيد أو ينقص من التعارض بين أعضاء المجموعات والمؤسسة أو المنظمة، فنظرية التنظيم هي محاولة لمساعدة الإداري ليحل مشاكل المنظمة وترشده في خطته وقراراته الإدارية، وكذلك تساعده ليكون أكثر حساسية لفهم المجموعات الرسمية وغير الرسمية وحاجاتها التي لها علاقة به (ربيع، هادي 2006، 27).

ج ـ المدرسة الموقفية:

وتقوم هذه النظرية على افتراض أساسي مؤداه أن أي مدير لا يمكن أن يظهر كمدير إلا إذا تهيأت في البيئة المحيطة به ظروف مواتية لاستخدام مهاراته وتحقيق تطلعاته، وبمعنى آخر أن ظهور القائد أو المدير لا يتوقف على السمات الشخصية التي يمتلكها بل على عوامل وظروف تتعلق بالموقف الذي يكون فيه، وعلى هذا يمكن القول أن لكل موقف قيادي أو إداري سمات معينة على ضوئها يتم اختيار القائد أو المدير المناسب وأن القائد أو المدير الذي يصلح لأن يشغل منصب إداري في موقف معين قد لا يصلح لشغل منصب آخر في موقف مغاير (صخي وآخرون، 1992، 13).

د ـ المدرسة التجريبية:

تعتمد هذه المدرسة على دلالة اسمها على التجربة. إذ من خلال تجارب المديرين يمكن اكتشاف الأخطاء التي تواجه الإدارة، أو بعض النماذج الناجحة من المديرين، ومن ثم استغلال نتائج هذه التجارب في تجنب الأخطاء، وبالتالي زيادة كفاءة وفاعلية المديرين، وأفضل نموذج لهذه الدراسة هوما يتبعه البعض وفي مقدمتهم أرنست ديل من تدريس الإدارة عن طريق دراسة وتحليل الحالات (العلاق، 1999، 80).

هـ ـ مدرسة النظام الاجتماعي:

إن النظام الاجتماعي بين جوانبه حافات متداخلة من الخلفيات الثقافية والحضارية للإفراد، لذلك فإن المطلوب هنا هو كشف التجمعات الحضارية في المنظمة (أي المجموعات الفردية المتشابهة في الثقافة والحضارة)والعمل على توحيد هذه المجموعات في بوتقة واحدة أو نظام اجتماعي متكامل، والاعتقاد الجوهري في مدرسة النظام الاجتماعي هوالحاجة إلى التغلب على القيود البيولوجية والمادية والاجتماعية الخاصة بالفرد وبيئته وذلك عن طريق التعاون، والكثير من أنصار هذه المدرسة يستخدم مفهوم النظام التعاوني، والذي يطلق عليه عادة اصطلاح (التنظيم الرسمي). وحسب هذا المفهوم فإن التنظيم الرسمي هو: أي نظام

تعاوني حيث يوجد أشخاص قادرون على الاتصال يبعضهم البعض وراغبين في المساهمة في العمل نحو تحقيق هدف مشترك، وكثيرا ما يحدث خلط بين هذه المدرسة ومدرسة السلوك الإنساني، نظرا لأن المدرستين تنبعان من تطور الفكر الإداري القائم على أساس العلوم السلوكية (العلاق، 1999، 81).

و ــ المدرسة الرياضية:

تنظر هذه المدرسة للإدارة على أنها نظام يتميز بالنماذج والعمليات الرياضية ويسمي أصحاب هذه المدرسة أنفسهم بأنصار نظرية بحوث العمليات أو علماء الإدارة، وفي اعتقاد هؤلاء أن الإدارة والتنظيم والتخطيط واتخاذ القرارات هي عملية منطقية يمكن التعبير عنها من خلال الرموز والعلاقات الرياضية مستخدمين في ذلك أسلوب النماذج في تحليل وحل المشاكل الإدارية، والمدرسة الرياضية تجبر مستخدميها على التحديد الدقيق لأهدافهم ومشاكلهم، ولنطاق مشكلة ما، ولا شك في أنها تقدم أداة قوية لحل المشكلات المعقدة المركبة، كما أنها أثرت على إعادة ترتيب مصادر المعلومات وأنظمتها حتى يمكن تقديم معنى كمي معقول (العلاق، 1999، 82).

ز ــ مدرسة نظرية القرارات:

وتعتبر هذه النظرية عملية اتخاذ القرار هوحجر الزاوية في إدارة أية مؤسسة، وتعتبر معيار تقويم المؤسسة هونوعية القرارات التي تتخذها الإدارة في هذه المؤسسة والكيفية التي توضع بها تلك القرارات موضع التنفيذ الفعلي وبطبيعة الحال تتأثر تلك القرارات بسلوك المدير وشخصيته والنمط الذي يدير به مؤسسته (ربيع، 2006، 26).

ي ــ الإدارة بالأهداف:

إن الفلسفة الأساسية التي تقوم عليها الإدارة بالأهداف هي الإدارة التشاركية بمعنى أن تحدد كل مؤسسة، عن طريق مشاركة العاملين فيها، أغراضها وأهدافها، ثم تعد وتطور

خطط العمل للازمة لبلوغ هذه الأهداف من خلال معرفة واضحة بالطاقات والإمكانات التي ستسهم في تنفيذ العمل خلال فترة زمنية معينة، وتحدد الوسائل التقويمية لمعرفة مدى تحقق الأهداف ودور كل عامل في بلوغ أهدافه الخاصة أو أهداف المؤسسة ككل (الدويك وآخرون، ب ت، 141).

ك ـــ المدرسة اليابانية:

أصبحت المدرسة اليابانية مثار إعجاب جميع المفكرين الإداريين وخاصة في العالم العربي لأن نجاح هذه المدرسة في الإدارة بهذه الصورة وبالسرعة الفائقة يتطلب إلقاء الضوء عليها، وعودة إلى الجذور اليابانية وطبيعة البيئة اليابانية، والمنطلقات الثقافية والتربوية للمجتمع الياباني نستطيع أن نقف على حقيقة وبواعث هذا التطور الهائل في الممارسات الإدارية والفكر الإداري الياباني.

إن المجتمع الياباني مجتمع مبني على علاقات جيدة مترابطة منذ زمن بعيد، مما انعكس على علاقة العاملين بعضهم البعض ومع رؤسائهم حيث الاحترام وتلقي الأوامر بطاعة ورضا تامين، وهذا انعكس على طابع العمل فأصبح التعاون الجماعي المبني على المشاركة والاحترام سمة أساسية فيه.

وصار لهذا النوع من العلاقات الجيدة أساسا صلبا أثر على الممارسات الإدارية اليابانية، وأصبح اليابانيون أكثر حماسة واستعدادا للمشاركة في اتخاذ القرار، كما أن أي قرار يجب أن يتخذ بناء على أسلوب علمي مفصل للوقوف على البدائل المتاحة ومن ثم اختيار أنسب بديل في جومن النقاش وتقبل الآراء الجيدة (العلاق، 1999، 86، 87).

لقد بدأ الاهتمام بالإدارة اليابانية منذ بداية الثمانينات نتيجة النجاحات الهائلة التي حققتها مؤسسات الأعمال اليابانية منذ نهاية الحرب العالمية الثانية حتى الآن من حيث جودة المنتجات وحجمها وإنتاجية الأفراد، ومن أهم أساليب هذه الإدارة هي:

- أسلوب اختيار العنصر البشري وتدريبه والمحافظة عليه مدى الحياة وكيفية تقويمه وترقيته وظيفيا.

- أسلوب العمل بروح الفريق.

- أسلوب المشاركة في اتخاذ القرارات.

- توفير المعلومات والمشاركة في استخدامها من جميع الأفراد.

- الشعور الجماعي بالمسؤولية عن العمل الذي يقوم به الفرد.

ومن عناصر الإنتاجية في المدرسة اليابانية: الثقة وهي الدافع للقيام بأي سلوك حيث يرى (او تشي)أن الإنتاج والثقة متلازمات، يجب أن تنمو بين العاملين في كافة المستويات في الإدارة (حامد، 2009، 16).

من خلال ما تقدم نلاحظ إن الفكر الإداري لم يكن ساكنا في مجاله وهذا يلاحظ من خلال المدارس الفكرية المختلفة التي تناولته والتي تطل فيها على الإدارة من الزاوية أو المجال الذي تؤمن به وتبحث فيه وبمراحل زمنية مختلفة ومتسلسلة علها تجد ما يخدم الإدارة والعملية الإدارية على اختلاف أنواعها لتحقيق أفضل النتائج، والأهداف التي يسعى إليها الإنسان.

المسؤولية الاجتماعية للإدارة وعوامل التغيير فيها:

1 ـــ المسؤولية الاجتماعية للإدارة:

إن المسؤولية الاجتماعية هي فكرة أخلاقية بالنسبة للإداري، ولكن مصطلح المسؤولية الاجتماعية يشير عادة إلى الدور الذي يتعين على صاحب العمل أن يلعبه في حل أمراض الجماعة فعلى سبيل المثال: إلى أي مدى يجب على مشروع العمل أن يكون منغمسا في حل المشكلات الاجتماعية مثل إيجاد فرص عمل أو تعليم أو خدمات صحية وترفيهية للعاملين من ذوي الدخل المحدود، أو هل مطلوب من المدير أن ينفق جزءا من وقته لتأمين القضاء على الأمية بين العاملين وغوائلهم أم مهمته تكمن في تعظيم الأرباح وزيادة الأجور من خلال وظائف الإدارة (العلاق 1999، 44).

إن فكرة أن تكون الأعمال مسؤولية اجتماعية ليست بالجديدة إطلاقا، فالرموز والأعراف في أخلاقية المهنة موجودة حتى في الأزمنة الغابرة، إلا أن هذه الفكرة اليوم قد اتسعت لدرجة أنها أصبحت جزءا من مبادئ الإدارة، إن خبراء اليوم صاروا يتحدثون علانية، بل هم يدعون إلى أن تصبح الإدارة مسؤولية اجتماعية، بالإضافة إلى مسؤولياتها الأخرى. فقد كتب أليفر شيلدون يقول (مهما كانت الإدارة العلمية، ومهما كان الاعتماد كبيرا في تطوير قواعدها على استخدام الطريقة العلمية، فان مسؤوليتها الأساسية هي مسؤولية اجتماعية وشعبية).

وهناك من خبراء الإدارة من يرى عن قناعة بأن للبيئة الاجتماعية تأثير جوهري على أهداف وسياسات وقرارات العمل، حتى أصبحت المسؤولية الاجتماعية واحدة من أهم التحديات التي تواجه أي مشروع من مشاريع العمل الحديث، فقد أصبح المجتمع يفرض على مشاريع العمل الالتزام بمسؤوليات عديدة نحوالمجتمع بصفة عامة، مثال ذلك ضرورة تناسق أهداف المشروع مع أهداف المجتمع، وإسهام المشروع في إشباع حاجات ورغبات المجتمع من الأشياء التي يحتاجها، والإسهام في تطوير المجتمع ثقافيا واجتماعيا واقتصاديا.

أما بالنسبة إلى مسؤولية المدرسة تجاه المجتمع المحلي وتوجهها الجديد فإنه يقوم اليوم على

إشراك الآباء وأولياء أمور الطلبة، وإقناعهم لأن يهتموا ويتفهموا بما يجري لعملية التربية والتعليم من حيث كيفية التدريس والأمور المتعلقة بها نتيجة التطور والتغير الحاصل في مفاصل العملية التعليمية، وإن هذا التوجه الجديد في توطيد الصلة بين المدرسة والمجتمع المحلي يجب أن يلقى ترحيبا من الجميع، وهوليس بالأمر السهل بالنسبة للمدرسة لأن التربية والتطور يعنيان التغيير، وكما هومعلوم إن معظم نمط الحياة في المجتمع المحلي يعارض أو لا يحبذ التغيير، وهذا يضع مسؤولية كبيرة على عاتق إدارة المدرسة المتمثلة في مديرها الذي يواجه حل معضلة التوفيق بين المحافظة على التقاليد وإحداث التغيير من أجل التقدم (نبراي، 1993، 203).

وهكذا أصبح اليوم حجم المسؤولية الملقاة على عاتق الإدارة بشكل عام والإدارة المدرسية بشكل خاص كبيرا، فلم تعد الإدارة مدير ومكتب، وعدد من الأفراد، بل صارت هيكل ونظام عام وخاص، يعمل فيه الجميع ويضعهم تحت ضلال القوانين والأنظمة الإدارية التي تخدم كل الأفراد وتحقق الأهداف المطلوبة آخذة بنظر الاعتبار حجم التقدم والتطور والتغيير الذي يطرأ عليها.

2 ــــ عوامل التغيير في الإدارة:

إن التغيير(Change) هوالسمة العامة بين المؤسسات والشركات في قطاع العمل وفي الحكومة وهذا يعود إلى سرعة التطورات التي نعيشها والتي تجعل من لا يتطور يتأخر، ومن لا يستجيب بسرعة للتغيرات يكون معرضا لمخاطر جمة لن يستيقظ منها على أجراس التصفية النهائية للمؤسسة أو الشركة (نجم، 2011، 344).

وإن أهم عوامل التغيير في الإدارة هي ما يأتي:

أ ـ العوامل الخارجية: وهي من المفروض أن تنبه الإدارة إلى التغيير، وأول نوع من هذه العوامل هي عوامل الاقتصاد والسوق وثاني نوع من هذه العوامل هي العوامل التكنولوجية، وثالث نوع من هذه العوامل هي العوامل القانونية والسياسية، ورابع هذه العوامل هي العوامل المرتبطة بمدى توافر المادة الخام اللازمة لاستمرار عملية الإنتاج.

ب ـ العوامل الداخلية وتشمل:

1- التغير في قيم واتجاهات القوى العاملة فمثلا التغير في تركيبة القوى العاملة بالمنظمة بحيث تصبح الأغلبية من العاملين صغار السن، والذين يتميزون بقيم للعمل واتجاهات للأداء تختلف عن العاملين السابقين كبار السن.

2- التغير في تكنولوجيا أداء العمل مثل إحلال الآلة محل العمالة اليدوية.

3- تغيرات الهيكل التنظيمي مثل إنشاء وحدات تنظيمية جديدة لم تكن موجودة من قبل.

4- تغيرات المناخ التنظيمي مثل ظهور حالة من عداء العاملين تجاه الإدارة وإحساسهم بعدم الأمان نتيجة تطبيق سياسة جديدة لم يألفوها سابقا.

5- التغير في أهداف المنظمة بشكل يجعل من الصعب على التنظيم الحالي أو العاملين الحاليين تحقيق الأهداف الجديدة (جاب الـلـه ، 1990، 330، 331).

أما أهم المبادئ التي يقوم عليها التغيير فهي ما يأتي:

1- أن تحدد أهداف التغيير بشكل واضح ودقيق.

2ـ إن أي تغيير في الأنظمة الفرعية يؤدي إلى تغيير في البيئة التي تعمل فيها.

3- إن التغيير في السلوك والممارسات في العمل يؤدي إلى إحداث تغيير في المستويات العليا والدنيا للنظام الفرعي الذي حدث فيه التغيير.

4- أن يتناول التغيير الأنظمة والوحدات الفرعية التي تعاني من ضغط وتوتر كونها تولد دافع لإحداث التغيير.

5- أن يلاقي قبولا لدى الأفراد.

6- أن يكون التغيير قائما على نتائج دراسات مستفيضة مستوعبة جميع الحقائق والعوامل التي تؤثر في مدى نجاحه وتحقيق أهدافه (موسى، 1990، 93).

إن إدارة التغيير هي الإدارة المعنية في تحقيق الانتقال من الحالة القائمة إلى الحالة المستهدفة، وهذا لا يكون بصيغة خطة أو تصورات معدة وجاهزة من أجل التغيير فقط، وإنما الأهم هو العملية الإدارية، أي الأنشطة المتدفقة التي تأتي عند تنفيذها بالكثير من المشكلات والعقبات والإحباط التي تمنع التغيير من الوصول إلى أهدافه الأساسية، والتي تجعل التغيير عالي التكلفة ماليا وإنسانيا أو حتى على مستوى النتائج المرجوة، ومما يزيد من أهمية إدارة التغيير والحاجة إليها هو أن التغيير أصبح أكثر تعقيدا ويتم بوتيرة سريعة (نجم، 2011، 248،249).

وفي هذا الصدد مطلوب من المؤسسات ومنها المؤسسات التربوية والتعليمية أن تأخذ دورها في أن تكون إداراتها إدارات تغيير وتطوير والانتقال من حالة إلى حالة أفضل لتكون مخرجاتها تتوافق ومتطلبات العصر الذي نعيشه اليوم.

النظريات السلوكية في الإدارة:

إن هذه النظريات تقوم على الجوانب المتصلة بالسلوك التنظيمي والعلاقات الإنسانية والعمليات الجماعية وتؤسس النظريات السلوكية في الإدارة على افتراض أن تحديد أهداف المؤسسة الإدارية ومتطلبات تحقيقها من أداء وتوجيه هذا الأداء والإشراف عليه وتقويم يمثل جهدا بشريا ضروريا لنجاح الإدارة.

وإن أهم النظريات المرتبطة في هذا لاتجاه ما يأتي:

1 ــ نظرية تفاعل المجموعات:

ترتكز هذه النظرية على تفاعل الرئيس مع المرؤوسين، وتأخذ في الحسبان سلوك الجماعة الإدارية واتجاهاتهم ومدى إدراك كل عضو في التنظيم للآخرين من رفاقه أو الرئيس، أي أنها تؤسس على أن الإدارة عملية تفاعل اجتماعي يحكمه مجموعة من القيم والمعايير الاجتماعية والأهداف والمشكلات والسلوكيات الاجتماعية التي يراعيها الرئيس والمرؤوسين معا (البستان وآخرون، 2003، 184).

إن الافتراض التي تقوم عليه هذه النظرية أن الرئيس بشخصيته ونشاطه المعروف والمرؤوسين بحاجاتهم واتجاهاتهم ومشكلاتهم يستطيعون صناعة المواقف المناسبة لطبيعة العمل وظروفه التي تشجعهم على التفاعل الدينامكي من أجل تحقيق الأهداف.

لقد ركزت هذه النظرية على سلوك الجماعات واتجاهاتهم كما اهتمت بديناميكيات الجماعة والتفاعل بين الأفراد المنتمين للهيكل الإداري، وهي بهذا تكون حلقة وصل بين نظريات العلاقات الإنسانية ونظريات العمليات الإنتاجية (Monann،1975،p4).

2 ــ نظريات الدافعية الإدارية:

إن هذه النظرية تجمع بين حقائق الاقتصاد والحقائق التي أشار إليها علم النفس وعلم الاجتماع في تشكيلة تدفع الأفراد لإشباع حاجاتهم مقابل تقديم إنتاج ذي أهمية اقتصادية

واجتماعية.

وهذه النظرية هي امتداد لنظريات العلاقات الإنسانية، حين طور هربرت سايمون فكرة التوازن التنظيمي في الإدارة لبرنارد وبنى هذه النظرية التي اعتبر فيها الإدارة كنظام تبادلي بين العمل والإنتاج وبين الحافز الذي يحصل عليه العامل بمجرد زيادة الإنتاج.

وفي ضوء ما نادى به فروم في نظريته للدافعية فإن هذه النظرية تؤسس على افتراض أن أفضل نمط إداري ينجم عن تكامل كل من الأنشطة الواجب القيام بها، وإزالة المعوقات التي تعوق تحقيق أهداف المؤسسة (البستان وآخرون، 2003، 185)، وتشمل نظريات الدافعية الإدارية النظريات الآتية:

أ ـ نظرية التوقع:

وضعت أسس هذه النظرية من قبل فيكتور فروم حيث يرى أن سلوك الإنسان ليس بسيطا بحيث يمكن أن تحدد محفزات وتجارب تعمل لإشباع حاجات معينة، بل أن الإنسان يجري مجموعة من العمليات العقلية والفكرية قبل أن يؤدي الأمر إلى سلوك محدد، وقد وضعت أسس هذه النظرية من قبل فيكتور فروم، حيث يرى أن دافعية الفرد لأداء عمل معين هي محصلة العوائد التي سيحصل عليها وشعوره واعتقاده بإمكانية الوصول إلى هذه العوائد (حامد، 2009، 80).

والتوقع عند فروم (اعتقاد مؤقت بأن ناتجا معينا سيتبع سلوكا محددا، فالتوقع يعبر عنه بالمدى الذي يمتد من أن شيئا ما سيحدث حقا إلى القول تأكيدا بأن شيئا ما لن يحدث، ولذلك يوجد في أحيان كثيرة تباين بين الإدراك الفعلي للشيء، والتوقع لإدراك هذا الشيء) (الازيرجاوي، 1991، 65).

وتقوم نظرية التوقع في الدافعية على مسلمة أن سلوك الأداء للفرد تسبقه عملية مفاضلة بين بدائل قد تتمثل في القيام بالسلوك أو عدم القيام به، كما تتمثل في بدائل أنماط الجهد المختلفة التي يمكن أن يقوم الفرد بها، وتتم هذه المفاضلة على أساس قيمة المنافع

المتوقعة من بدائل السلوك المتعلقة بالأداء، فدافعية الفرد للقيام بأداء معين في العمل تحكمه منافع العوائد التي يتوقع أن يحصل عليها من الأداء، ودرجة هذا التوقع لدى الفرد، ويمكن صياغة ذلك في الفرض المبسط التالي: الدافعية لأداء معين = منفعة العوائد × احتمال تحقق العوائد (عاشور، ب ت، 70، 71).

خصائص نظرية التوقع:

يمكن إجمال خصائص نظرية التوقع بما يأتي:

1- يميل الفرد إلى الاختيار بين بدائل عديدة للسلوك، وأن السلوك الذي يختاره يحدد به مقدار عوائده.

2- دافعية الفرد لأداء عمل معين هي حصيلة ثلاث عناصر هي:

أ- توقع الفرد أن مجهوده سيؤدي إلى أداء معين= التوقع.

ب- توقع الفرد بأن هذا الأداء هوالوسيلة للحصول على عوائد معينة = الوسيلة.

ج- توقع الفرد أن العائد الذي سيحصل عليه ذو منفعة وجاذبية له = المنفعة.

3- إن العناصر الثلاثة (التوقع + الوسيلة + المنفعة)تمثل عملية تقدير شخصي للفرد، وهي تمثل عناصر إدراكية له.

4- ترى هذه النظرية أن الفرد لديه القدرة والوعي بإمكانية البحث في ذاته عن العناصر الثلاثة السابقة، وإعطائها تقديرات وقيم، لذلك وجب الاهتمام بها (حامد، 2009، 80).

عناصر نظرية التوقع:

1- التوقع: وهوتقدير الشخص لقوة العلاقة بين المجهود الذي يبذله وبين الأداء المطلوب الوصول إليه.

2- الوسيلة: هوإدراك الفرد لاحتمال وجود فوائد معينة (إيجابية أو سلبية)سترتبط مع الأداء والجهد المبذول، فإذا كان الأداء عاليا فهوالوسيلة للحصول على مكافأة عالية.

3- منفعة الفوائد: هي إدراك الفرد لقيمة الفوائد التي يتوقع أن يحصل عليها، ومدى رضاه عنها مثل الشكر والتقدير والحوافز المادية وغيرها، لكنها تختلف من شخص لآخر.

لقد اشتهرت هذه النظرية وذاع صيتها ولاقت قبولا باعتبارها إحدى نظريات الدافعية والأداء حيث يمكن استخدام مبادئها في بعض التطبيقات الإدارية (حامد، 2009، 80، 81).

محددات التوقع:

إن حصول الفرد على عوائد ذات منافع عالية من العمل لا يعني بالضرورة إثارة دافعيته للأداء، ما لم يتوقف تحقق هذه العوائد على قيامه بسلوك الأداء، أو بعبارة أخرى على توقع الفرد لحصوله على هذه العوائد بناء على قيامه بأنشطة العمل، فالتوقع يعتبر إذن عنصرا هاما من عناصر الدافعية وفق نظرية التوقع.

ويمثل التوقع التقدير الذي يعطيه الفرد لاحتمال حصوله على عوائد من جراء أدائه العمل، وهذا الاحتمال هوتقدير ذاتي يعبر عن فرص أو إمكانية تحقق العوائد بناء على الخبرات الماضية للفرد عن مدى ارتباط العوائد بقيامه بأنشطة العمل.

وحيث أن التوقع يشير إلى احتمال تحقق العوائد، فهو إذن يختلف باختلاف هذه العوائد، ويمكن التفرقة هنا بين نوعين من الاحتمالات:

1- احتمال تحقق المنافع المرتبطة بنتائج الإنجاز في العمل.

2- احتمال تحقق المنافع الخارجية (عاشور، ب ت، 77).

الإطار العام لنظرية التوقع:

بعد استعراضنا مكونات قوة الجذب والتوقع اللذان يمثلان عاملي الدافعية وفق نظرية التوقع، مع إدخال بعض التفصيلات والتعديلات على الصياغة الأصلية لفروم يمكن أن نصيغ فرض الدافعية على النحوالتالي:

الدافعية للأداء = منفعة أنشطة العمل + احتمال نتائج انجاز × منفعة نتائج الانجاز + احتمال تحقيق نتائج انجاز × احتمال تحقيق عوائد خارجية × منفعة العوائد الخارجية.= منفعة أنشطة العمل + احتمال تحقيق نتائج انجاز (منفعة نتائج انجاز + احتمال تحقيق عوائد خارجية × منفعة العوائد الخارجية).

ومعنى المعادلة السابقة أن الدافعية تمثل المنافع المتوقعة من أداء العمل، فهي مجموع حاصل ضرب احتمال تحقيق العوائد في منافع هذه العوائد، ويلاحظ أن منفعة أنشطة العمل لم يعطى لها احتمال في المعادلة ويرجع ذلك إلى أن تحقق هذه المنفعة رهين بممارسة الفرد لأنشطة العمل، فهي تقع تحت سيطرته بالكامل، لذلك فان احتمال تحققها قيمته واحد صحيح، وعليه فان إسقاط هذا الاحتمال من المعادلة لا يؤثر على القيمة النهائية للدافعية (عاشور، ب ت، 79، 80).

ب- نظرية دافع الإنجاز:

يعد من الدوافع التي حظيت بالاهتمام من قبل المعنيين في هذا المجال وخاصة علماء النفس، حيث وجدوا أن هناك دافعا أساسيا يحرك الأفراد نحوالعمل والإنجاز، وأن قوة هذا الدافع أو ضعفه يتأثران بالكثير من العوامل البيئية، ومنها التنشئة الاجتماعية في البيت، والمستوى الاقتصادي للوالدين، وأظهرت الدراسات التي تناول هذا الدافع أن الأشخاص ذوي الدافعية العالية للإنجاز يتصفون بخصائص كالطموح والاستقلالية والتمتع بإنجاز المهمات التي توكل إليهم، كما أظهرت بعض البحوث أن إنتاج الأمم مرتبط بقوة دافع الانجاز لدى مواطنيها (الزوبعي، وآخرون، 1992، 67).

وينشأ دافع الانجاز من أهم الحاجات كالسعي وراء التفوق، وتحقيق الأهداف السامية، وهذا الدافع ليس ضروريا بدرجة واضحة للاستمرار في الحياة، كما أنه ليس له أصول فسيولوجية واضحة لدى الإنسان. فإذا أنصب اهتمام الفرد بإشباع إمكاناته وقدراته، فان دافع الانجاز قد يصنف على أنه دافع النمو، ولكن إذا كان الاهتمام منصبا على المنافسة بين الأفراد فيمكن عد دافع الانجاز في هذه الحالة دافعا اجتماعيا (طه وخان، 1990، 128).

إن الحاجة إلى الانجاز تعني الحالة الداخلية المرتبطة بنشاط الفرد وتوجه نشاطه نحوالتخطيط للعمل، وتنفيذ هذا التخطيط بما يتفق ومستوى محدد من التفوق يؤمن به الفرد ويتحرك إلى تنفيذه، ويعتبر العالم النفسي موراي أول من استخدم اصطلاح الحاجة للانجاز، وحدد حاجة الانجاز بأنها تقدير الذات وتسخير الإمكانات العقلية والجسدية تسخيرا ناجحا (الازيرجاوي، 1991، 65، 66).

إن مشاهدة الأفراد وهم يؤدون أعمالهم تفصح عن ظاهرة جديرة بالاهتمام مؤداها اختلاف الأفراد في درجة المثابرة لتحقيق أهداف الأداء ومدى السعادة التي يحصلون عليها من إنجازهم لهذه الأهداف، فهناك فئة من الأفراد يسعدهم تحقيق إنجاز فيما يقومون به، ويشعروا بكثير من السرور من إتقان ما يفعلونه.

ولقد كانت هذه الظاهرة، محل اهتمام ودراسة عدد من الباحثين، وأسفرت بحوثهم عن ما سمي بدافع الانجاز، فقد توصل دافيد ماكيلاند من خلال تجاربه أن هناك أفراد ذو ميل ورغبة لإتمام العمل بصورة جيدة خلافا للأفراد العاملين وأطلق عليهم (الإنجاز العالي) وتتلخص هذه النظرية بما يأتي:

1- الحاجة إلى الإنجاز هي تلك الرغبة لأداء العمل بصورة جيدة، حيث أن هناك أناس متحمسين بدرجة عالية لإتمام وإنهاء العمل، وهناك أناس يعملوا لكن دافع الإنجاز لديهم في انخفاض.

2- إن دافع الإنجاز يعتبر من الدوافع المتعلمة حيث ترجع إلى الخبرات وتربية الفرد ورصيد ما تعلمه.

3ـ يتميز دور الإنجاز بخصائص تختلف عن ذوي الإنجاز المنخفض، وهذه الخصائص هي:

أ- يميل ذو دافع الإنجاز إلى تحمل المخاطر المتوسطة ويعني بذلك:

ـ هناك إمكانية لحساب احتمالات هذه المخاطر.

ـ درجة متوسطة من المخاطر تعني أنها قد تكون مناسبة لحجم ونوعية قدرات الفرد حيث يتمكن من خلالها أن يثبت كفاءته وقدراته وأن يعمل بالشكل الذي يحقق به أهدافه.

ب- يميل ذو دافع الإنجاز إلى اختيار الأعمال التي تعطيهم أكبر قدر ممكن من المعلومات عن مدة إنجازهم وتحقيق أهدافهم.

ج- يميل ذو دافع الإنجاز إلى اختيار الأعمال التي توفر لهم الشعور بالتقدير من جراء إتمام العمل بنجاح.

د- فور اختيارهم للعمل وتحديد أهدافه يصبح العمل مسيطرا على مشاعرهم وحواسهم وكيانهم ووجدانهم بحيث لا يتركوا العمل في منتصفه وإذا ما واجهتهم مشكلة يعملوا جاهدين لحلها والسيطرة عليها مع إتمام العمل (حامد، 2009 ، 78، 79).

أن دافع الانجاز يمثل الرغبة في الإجادة والامتياز في تحقيق نتائج في المهام التي يقوم بها الأفراد، ويتفاوت الأفراد في قوة هذا الدافع، وأولئك الذين يكون دافع الانجاز لديهم قويا يحققون سعادة أكبر عند تحقيق نتائج ناجحة عن أولئك الذين يكون دافع الانجاز لديهم ضعيفا.

فقد أشارت نتائج البحوث التي أجريت على هذا الدافع: أن الأفراد الذين يتصفون بدافع إنجاز قوي، يفضلون المهام التي تمدهم بمعلومات عن نتائج انجازهم فيها، ويفضلون المهام المتوسطة الصعوبة، والتي توفر لهم قدرا كبيرا من الاستقلالية والمسؤولية الشخصية، التي تسمح لهم التحكم في نتائج جهدهم عن تلك التي لا توفر لهم استقلال وتحكم ذاتي، كما أن هؤلاء الأفراد يثابرون ويبذلون جهدا كبيرا في محاولة انجاز وتحقيق أهداف الأداء بنجاح كبير، وعند ذلك يشعرون بالسعادة والرضا بصرف النظر عن أي عوائد خارجية

كالحصول مثلا على مكافأة بناء على النجاح الذي حققوه (عاشور، ب. ت، 81، 82).

ج ـ نظرية مستوى الطموح (Level of Aspiration Theory):

يقصد بمستوى الطموح: هو(المستوى الذي يرغب الفرد في بلوغه، أو يشعر أنه قادر على بلوغه، وهويسعى لتحقيق أهدافه في الحياة وانجاز أعماله اليومية). ويشعر الفرد بالنجاح إذا بلغ مستوى طموحه، وبالفشل والإخفاق إذا أخفق في بلوغه (راجح، 1963: ص 124). والطموح هوالذي يخلق الرجل العظيم، وإذا فقده الإنسان جمدت جذوة الحياة لديه، وصار يعيش لغايات رخيصة بدلا من أن يعيش حياة طموحة لتحقيق أهدافا سامية يسعى للوصول إليها بحسب التوجهات التي يريد تحقيقها في الحياة.

وتوجد علاقة وثيقة بين الوظيفة التوقعية للدافعية ومستوى الطموح فقد حدد ليفن هذه العلاقة وأكد أن هناك عوامل متعددة من شأنها أن تمثل القوى الدافعة في التكوين المعرفي للمجال الحيوي، وأن تعمل كدوافع للتعلم، وقد أجملها بمستوى الطموح (الازيرجاوي، 1991: ص 68).

وهناك عنصر من عناصر الدافعية يتعلق بالهدف الذي يطمح الفرد في الوصول إليه، فالإنجاز الذي يتوقع الفرد أن يحققه في عمل معين، أو العائد الذي يرتقب أن يحصل عليه، يمثل هدفا يحدد اتجاه سلوك الفرد ومعيارا يقيس به الفرد نجاحه أو فشله فيما حققه فعلا، وهناك حصيلة من نتائج الدراسات التجريبية في علم النفس تشكل في مجموعها ما يمكن أن نسميه بنظرية مستوى الطموح، وهذه النظرية تفسر أحد الجوانب الحركية الهامة في الدافعية التي تتصل بالعلاقات المتتابعة بين خبرات الإنجاز السابقة والهدف المتوقع للفرد ثم مشاعر النجاح أو الفشل لديه كرد فعل لإنجازه الفعلي.

ولقد اصطلح في هذه الدراسات على تعريف مستوى الطموح بأنه مستوى الإنجاز المرتقب الذي يحاول الفرد الوصول إليه في مهمة مألوفة مع وجود معلومات لدى الفرد عن مستوى إنجازه السابق فيها (Atkinson p.97،1964).

وتحاول نظرية مستوى الطموح أن تجيب على سؤالين رئيسين:

س 1: ما هي محددات مستوى الطموح ؟

س 2: ما هي ردود الفعل لتحقيق أو عدم تحقيق مستوى الطموح ؟

إن الفرق بين مستوى الإنجاز السابق ومستوى الطموح يسمى بفرق الهدف ونحصل عليه بطرح مستوى الإنجاز السابق من مستوى الطموح، والفرق بين مستوى الطموح ومستوى الإنجاز الجديد يسمى بفرق الإنجاز ونحصل عليه بطرح مستوى الطموح من مستوى الإنجاز الجديد، وفرق الإنجاز هو المحدد لمشاعر النجاح أو الفشل التي تترتب على الإنجاز الجديد.

أما أهم الفروض التي تحتويها هذه النظرية فيمكن تلخيصها بما يأتي:

1 ـ يميل فرق الهدف إلى أن يكون قيمة موجبة وإن كانت ضئيلة نسبيا، أي أن مستوى الطموح يكون غالبا أعلى من الإنجاز السابق بقيمة صغيرة، فتحقيق الفرد لمستوى إنجاز في أحد مهام عمله يعادل 60 وحدة إنتاج يدفعه إلى أن يطمح في الوصول إلى رقم أعلى بقليل من إنجازه السابق (90 وحدة مثلا).

2 ـ عندما يكون فرق الإنجاز صفرا أو قيمة موجبة فان رد الفعل للإنجاز الجديد يكون شعورا بالنجاح، فعندما يكون الإنجاز الجديد للفرد معادلا لمستوى طموحه أو يكون قد فاق هذا الطموح فإن الفرد حينئذ يشعر بالنجاح نتيجة تحقيقه ما كان يرتقبه.

3 ـ عندما يكون فرق الإنجاز قيمة سالبة فإن رد الفعل للإنجاز الجديد يكون شعورا بالفشل، فعندما يكون الإنجاز الجديد للفرد أدنى من مستوى طموحه فانه يشعر بخيبة أمل لعدم تحقيق ما كان يرتقبه أي ينتابه الشعور بالفشل.

4 ـ عندما يكون فرق الإنجاز صفرا أو قيمة موجبة، فإن مستوى الطموح الجديد الذي يكونه الفرد يميل إلى أن يكون أعلى من مستوى الطموح السابق، فكلما تعادل إنجاز الفرد مع مستوى طموحه أو فاقه كلما كان ذلك مدعاة إلى أن يرفع الفرد من مستوى طموحه

الجديد. أما عندما فرق الإنجاز قيمة سالبة، أي حين يكون إنجاز الفرد أدنى من مستوى طموحه، فإن مستوى الطموح الجديد يكون أدنى من مستوى الطموح السابق. وهكذا فمستوى الطموح يعلو بالنجاح، وينخفض في حالة الشعور بالفشل. وتتناسب قيمة العلو والانخفاض في مستوى الطموح طرديا مع مشاعر النجاح والفشل، فكلما كان شعور الفرد بالنجاح كبيرا كلما زادت احتمالات قيامه بتعلية مستوى طموحه وزادت قيمة هذه التعلية، وكلما كان شعور الفرد بالفشل كبيرا كلما زادت احتمالات قيامه بخفض مستوى طموحه وزادت قيمة هذا الخفض.

ويلاحظ على الفروض السابقة أنها تمثل نتائج الدراسات التي أجريت على أفراد عاديين لا يتسم تاريخهم بفشل متكرر، أما الأفراد الذين يتصفون بنزعات مرضية أو أولئك الذين لهم تاريخ حافل بالفشل فان نتائج الدراسات التي أجريت عليهم تتناقض مع الاتجاه الغالب الذي تمثله الفروض السابقة (عاشور،2002، 82ـ 84).

د ـ نظرية تكوين الهدف (Goal – Setting Theory):

تعتبر نظرية تكوين الهدف التي قدمها لوك (Locke),1968 في أواخر الستينات والتي كانت محور اهتمام الباحثين في السبعينيات، هي الترجمة العملية لنظرية مستوى الطموح. لذا فهي أقرب إلى الواقع العملي، وأكثر قابلية لأن تترجم إلى برامج تطبيقية.

وترى هذه النظرية أن وجود الأهداف هوشيء أساسي لتحديد مسارات السلوك وتكون قوة للفرد، يسعى إلى تحقيقها على اعتبار أنها غايات نهائية يجب على الفرد أن يحققها.

ويمكن توضيح هذه النظرية بما يأتي:

1ـ وجود أهداف أمر مهم لأنها تمثل طموحات الأداء، لذا فهي تنشط وتوجه السلوك عند الأفراد لتحقيق هذه الطموحات وتحديد مسارات السلوك لنهائية معينة.

2ـ إن الأهداف وطموحات الأداء هي محصلة لقيم ومعتقدات الفرد من ناحية ورغباته وعواطفه من ناحية أخرى.

3ـ إن التأثير الدافعي يزداد عندما:

أـ تكون الأهداف محددة: لأنها تحدد ما على الفرد أن يفعله ومقدار الجهد الذي ينبغي عليه أن يبذله.

ب ـ تكون الأهداف مقبولة: عندما يتم قبول الأفراد للأهداف يؤدي إلى أعلى وأفضل نتيجة.

ج ـ تكون الأهداف ذا نفع وفائدة للفرد.

د ـ تكون الأهداف صعبة فتؤدي إلى مستوى عال من الأداء.

هـ ـ تكون الأهداف قابلة للقياس فتزيد الدافعية إلى أداء أعلى (حامد، 2009، 77).

ويرى لوك أن الأهداف أو النوايا هي التي تحدد اتجاه أنشطة وسلوك الفرد وكذلك تحدد اتجاه أفكاره، وهي بذلك تفسر مسارات السلوك، وتفسر الاختيارات الذهنية التي يقوم بها الفرد، سعيا نحوالهدف أو الغاية التي يرغب الفرد في تحقيقها. وليس معنى هذا أن كل هدف لا بد وأن يرتبط بنشاط أو سلوك، فترجمة الهدف إلى نشاط يتوقف على عوامل أخرى مثل درجة اتساق الهدف مع الأهداف الأخرى التي يسعى الفرد لتحقيقها، وإدراك الفرد لجدوى بذله لنشاط وجهد في الوصول للهدف، وكذلك إدراكه لدرجة مناسبة الظروف للسعي لتحقيق هذا الهدف، ولكن الأمر الهام الذي يؤكده جون لوك هوأن دافعية الفرد مترجمة في جهده وسلوكه هي انعكاس للغايات أو الأهداف التي يسعى الفرد لتحقيقها، فالجهد والسلوك الذي يعبر عن دافعية الفرد هو انعكاس لنواياه وأهدافه، لكن ليس كل النوايا والأهداف تترجم بالضرورة إلى جهد وأنشطة وسلوك.

أما القيمة أو الأهمية النسبية التي تمثلها الأهداف لدى الفرد، فهي تعبر عن تفضيل الفرد فيما يعتقده أنه يحقق رفاهيته وسعادته، فالقيمة التي ترتبط بهدف معين يعبر عنها ما

يجيش لدى الفرد من عواطف ويتحرك لديه من رغبات.

ويمكن تصوير علاقة الأهداف والقيم بالسلوك، وفق نظرية تكوين الهدف في الشكل الآتي:

(القيم ـ الرغبات- الأهداف- الأداء- الآثار (نواتج الأداء، المعلومات والعواطف والنوايا المرتدة، أو المدعمات)(عاشور (ب. ت)، 84 ـ 86).

إن نظرية تكوين الهدف تعد وسيلة رقابية لتحسين الأداء مع استخدام نظام للحوافز عند تحقيق الأهداف التي وضعت لتحقيق العمل مع الاتفاق مع المرؤوسين لقبول الهدف ووضع خطة لتحقيقه، وتعد أطروحات هذه النظرية أساسا للإدارة بالأهداف (حامد، 2009، 77).

إن اقتران العلوم السلوكية بالعلوم الإدارية بصفة عامة، وبأسلوب السلوك التنظيمي في مجال الإدارة بصفة خاصة يعود إلى جملة أسباب وهي أنها:

- تهتم بالتنظيمات بوجه عام.

- تعتني بدوافع الإنسان وحاجاته، وتؤمن باستقلالية الإنسان وقدرته على الإنتاج.

- تعد تطبيقية لما توصلت إليه من نتائج ويتم تطبيقها في المؤسسات والتنظيمات الإدارية المختلفة.

- تهدف إلى تعديل السلوك التنظيمي لكي يصبح في أحسن صورة ممكنة.

- تهتم بسلوك الأفراد داخل الجماعات التنظيمية الرسمية وغير الرسمية وصولا إلى مساعدة الإداريين على فهم سلوك المجموعات داخل التنظيم.

- تهتم بالتفاعل الإيجابي والتواصل بين الرئيس والمرؤوسين داخل التنظيم.

- تعتني بالتنظيم الكلي والتنظيمات الفرعية للتنظيم الإداري.

- تؤمن بأهمية التغيير حسب أهداف محددة للتنظيم الإداري.

- تؤمن بالقيادة الديمقراطية التي توفر للأفراد جوا من الثقة بالنفس والتعبير عن آرائهم.

- تسعى إلى فهم طبيعة الإداري الناجح الذي يتخذ القرارات في ضوء دوافع وحاجات المرؤوسين.

- هدف إلى معرفة العوامل التي تزيد أو تقلل من الكفاية الإدارية وإنتاجية الموظفين (نشوان، 1992، 69،70).

وقد قام (هربرت سايمون (.H Simon)) بتطوير التوازن التنظيمي في الإدارة وبنا عليه فكرته التي عرفت بأسلوب الدافعية الإدارية التي نظر بموجبها إلى الإدارة على أنها نظام تبادلي (يتم عن طريق عملياته المختلفة تبادل العمل والإنتاج من جهة، والمكافئات من جهة أخرى) (بستان، وطه،ً 34، 35).

وتعد الإدارة بالأهداف أحد الأنماط الإدارية التي تعمل في ظل هذا التوازن التنظيمي في الإدارة والقائم على أسلوب الدافعية الإدارية، والإدارة بالأهداف أسلوب يقوم بموجبه كل من الرئيس والمرؤوس، وبشكل مشترك بتحديد للأخير، ويقومان دوريا بتحديد التقدم نحو بلوغ الأهداف.

الإدارة بالأهداف:

يقول (جورج أو ديورن)في الإدارة بالأهداف إن (الرئيس الأعلى والرؤساء العاملين لأي منظمة يحددون معا أهدافها العامة، ويحددون مناطق المسؤولية الرئيسية لكل فرد من أفرادها ولكل وحدة إدارية فيها، وتستخدم هذه الأهداف كمعايير في توجيه النشاط الإداري وفي تقييم أداء الأفراد العاملين والوحدات العاملة المختلفة في التنظيم (الدويك وآخرون، ب ت، 141). وأسلوب الإدارة بالأهداف أسلوب حديث يسعى لتحقيق أهداف معينة، ويعالج عيوب الأسلوب البيروقراطي والمآخذ على أسلوب العلاقات الإنسانية وصولا إلى تحقيق الأهداف المنشودة (الدعيلج، 2009 ، 50).

والإدارة بالأهداف تقوم على مبدأ الإدارة بالاشتراك، وهو أسلوب ديمقراطي في القيادة، حيث تقوم الإدارة على منطق استشارة وإشراك المرؤوسين في وضع الأهداف وفي

اتخاذ القرارات الإدارية التي تخص العمل. وتهتم هذه الإدارة بالأساس بنتائج العمل ومدى تطابق هذه النتائج مع الأهداف الموضوعة مسبقا (العلاق، 1999 ، 84).

ويرى بيومي محمد ضحاوي أن الإدارة بالأهداف تعني الطرق التي ترمي إلى مزيد من العمل المثمر مع الأفراد عن طريق تحديد قائمة واضحة بالغايات والأهداف الأكثر دقة لكل جزء من أجزاء المؤسسة، كما يجب أن ترتبط تلك الأهداف والغايات بجدول زمني يحدد فيه مواعيد الإنجاز، وتكون الأهداف بمثابة عبارات مفصلة مستندة على معايير واضحة بشكل يتيح تقييم تحقيقها، كما تكون مبنية على أساس قابل للتحقيق في المستقبل القريب وأن تكون أسهل وصولا من الغايات، كما تغطي موضوعا واحدا فقط وأن تكون مكتوبة بوضوح بشكل يعكس مسؤولية الفرد المناط به تحقيق تلك الأهداف التفسيرية، أما الغايات فتكون أقل تفصيلا من الأهداف، ولكنها في نفس الوقت أكثر وضوحا من الغرض الرئيسي للمؤسسة، والذي يستخدم للسياسات المتبعة (خليل، 2009، 318).

وتتميز الإدارة بالأهداف بأنها: تعمل على زيادة الإنتاج وتقوي العلاقات بين الإدارة والعاملين وترفع الروح المعنوية للعاملين وتشخص مشكلات العمل تشخيصا جيدا وتطور العمل والعاملين في المؤسسة، كما أنها تعد وسيلة مناسبة لتفويض السلطات وتحديد المسؤوليات والواجبات، وتساعد لأن تكون أهداف المؤسسة واقعية، وتساعد العاملين على فهم طبية عملهم، وتساعد أيضا على تحسين عملية التغذية الراجعة، فالتركيز على الأهداف يؤدي إلى دراسة كافة النشاطات والوظائف الإدارية لمعرفة مدى مساهمة كل منها في تحقيق الأهداف من أجل إعادة النظر فيها بقصد الإلغاء أو إعادة التنظيم أو تحديد الأدوار.. الخ، مما يجعل لعملية التغذية الراجعة قيمتها وفعاليتها. والإدارة بالأهداف تساعد على تنفيذ المشاريع العامة وخطط التنمية، وتحرص على الوقاية قبل حرصها على العلاج، وهي تركز على أهداف النشاط الإداري وغاياته أكثر من تركيزها على الوظائف الإدارية (الدويك وآخرون، ب ت، 150، 151).

المبادئ والمرتكزات التي ترتكز عليها الإدارة بالأهداف:

إن أهم المبادئ والمرتكزات التي تقوم عليها الإدارة بالأهداف هي:

1ـ مبدأ المشاركة: وهذا يعني أن تتاح للمرؤوسين فرصة التعبير عن آرائهم، والإدلاء بمقترحاتهم فيما يتعلق بكافة الأمور التي تتعلق بشؤون عملهم، كوضع وصياغة الأهداف، وإسناد السلطة، والمساندة السياسية، والمسؤولية المشتركة وغيرها.

2- مبدأ تحقيق الأهداف: وهذا يتطلب أن تكون الأهداف واضحة ومحددة يسهل تحقيقها، وهذا المبدأ يتفرع إلى عدة مبادئ ومنها: ضرورة التمييز بين الغايات والوسائل، وأن تكون الوسائل هي الطريقة المستخدمة لأداء العمل، ووضوح الهدف النهائي، والتدرج في تحقيق الأهداف، والمرونة في صياغة الأهداف، واختيار الوسائل المناسبة لتحقيق الأهداف، ومراعاة التكامل في الأهداف.

3 ـ مبدأ الرقابة الذاتية: وتتمثل في أن يكون العامل رقيبا على نفسه أثناء عمله أو مشاركته.

4 ـ مبدأ المراجعة والمحاسبة: ويعني مراجعة النتائج والإنجازات التي تمت في ضوء الأهداف والتعليمات، ثم تحسين الأداء في ضوء هذه المراجعة.

5 ـ مبدأ وضع الشخص المناسب في المكان المناسب: ويتم عن طريق اختيار القيادة الصالحة من خلال التعرف على إمكانياتهم، ومدى إمكانية تحقيقهم نتائج عالية من الكفاية.

6 ـ مبدأ تخفيض المخاطرة: ويتم من خلال تصميم نظام فعال للمعلومات، وإيجاد حلول مثلى بين البدائل عند اتخاذ القرارات (البستان، وآخرون، 2003، 237 ـ 240).

ومن مزايا الإدارة بالأهداف ما يأتي:

1ـ تسهم الإدارة بالأهداف في زيادة الإنتاجية، لأنه يقوم على أساس الإنجاز، المعتمد على المحاسبة والتقييم.

2ـ تشجيع الابتكار لمنحه الأفراد حرية التصرف في إطار قواعد محددة.

3ـ التشخيص الجيد لمشكلات العمل والتوصل إلى حلول لها وتطوير العمل والأفراد.

4ـ تنمي روح التفاهم والتلاحم والاتصال بين القيادات الإدارية وبين المستويات القاعدية مما ينعكس على زيادة الإنتاج وتحسين الأداء.

5ـ تساعد الإدارة بالأهداف على رفع الروح المعنوية للعاملين.

6ـ تشجيع المرؤوس على تطوير ذاته.

7- يساعد على التعرف على القدرات الكامنة لدى الرؤساء واستعداداتهم (البستان، 2003، 246 ـ 248).

ومن المآخذ على أسلوب الإدارة بالأهداف ما يأتي:

- صعوبة وضع مقاييس دقيقة لإنجاز العمل.
- زيادة الأعباء الورقية والمستندات المستخدمة في الإعداد والتخطيط والمناقشة.
- ارتفاع التكاليف وتأكيدها على تحقيق النتائج أكثر من تأكيدها على الوسائل اللازمة لتحقيقها.
- إن هذا الأسلوب لا يضع أسسا لتحديد الأهداف أو كيفية اشتقاقها من الأهداف العامة، مما يجعل عملية الإقبال على استخدامه أمرا صعبا، أو استخدامه مع التركيز على الأهداف قصيرة المدى. لذا تؤدي صعوبة تحديد الأهداف إلى أخطاء شائعة، ومنها وضع أهداف أقل أو أعلى من المستوى المطلوب، وجهل المستويات الإدارية الدنيا بالأهداف العليا، وصعوبة ربط الهدف بالعائد منه، وصعوبة قياس بعض الأهداف.

- تدفع العاملين لأن يتجهوا إلى تحقيق الأهداف السهلة والتي يمكن إنجازها بسهولة، ويبتعدوا عن الأهداف الطموحة.

- تتطلب من الرؤساء والمرؤوسين أن يكون لديهم قدرة لوضع أهداف واقعية ومناسبة للإمكانية الفعلية للمؤسسة.

- تحتاج الإدارة بالأهداف توفر كافة البيانات والمعلومات اللازمة التي تدخل في عمليات تحديد الأهداف، وهذا غير ممكن دائما.

- يتطلب فهما وإخلاصا والتزاما بالعمل قد لا يستطيعه الذين تعودوا العمل في وظائف لا ضرورة لها.

- صعوبة تحديد أهداف بعض المؤسسات بشكل محدد وواضح يسهل تقويم انجازها (الدويك وآخرون، ب ت، 151، 152)، (عبد الوهاب، 1982، 211).

3 ـ نظرية المجال لليفين:

لقد نشأت هذه النظرية في رحاب المدرسة الأمريكية التي ركزت على دور الإدراك في حدوث التعلم لمهارات الإدارة التي يتطلبها العمل الإداري، ويفترض أن يتعلم الفرد منها ما يفوق احتياج العمل الإداري منها، وهذا يعني أن رجل الإدارة إذا أتقن مهارات ومعارف الإدارة استطاع التبصر باحتياجات الموقف الإداري فيختار الأنسب من المهارات، أي أنه يغير من استجاباته طبقا لظروف الموقف.

وتؤسس هذه النظرية على أربعة افتراضات هي:

1ـ أن الموقف الإداري يتشكل في ظل قيم الأفراد وحاجاتهم ورغباتهم وكل ما يرتبط ببيئتهم النفسية والاجتماعية وسلوكياتهم الوظيفية.

2ـ يخضع السلوك الإداري لمجموعتين من القوى إحداهما تدفع التغيير في الاتجاه المرغوب فيه، والأخرى تقلل من القوى الدافعة وتقف دون حدوث التغيير.

3ـ تميل الجماعات الإدارية إلى الاستقرار والتوازن.

4- أن الرغبة في حدوث التغيير يفرض على الهياكل الإدارية إما زيادة القوى الدافعة أو خفض القوى المعارضة (البستان، وآخرون، 2003، 186).

4 ـ نظرية السمات:

ووفق هذه النظرية يتطلب العمل الإداري من الرئيس التحلي بالسمات المتصلة بالطاقة الجسمية، والذكاء الاجتماعي، والود والتعاطف مع المرؤوسين، والقدرة على التوجيه، والحزم والمرونة، والقدرة على امتصاص الصراع، وتحمل الإحباط،، والمهارات الإدارية والفنية المرتبطة بالإحساس بالهدف، والاتصال الشفهي بالمرؤوسين، وتحمل ضغوطهم، والقدرة على المبادأة وصنع القرار وتحمل نتائجه، والأصالة والابتكار في تنأو ل المشكلات الإدارية ووضع الحلول لها، والحماس والمغامرة، والقدرة على إرجاء الإشباع الناتج عن النجاح الإداري (البستان، وآخرون، 2003، 187).

توجهات الإدارة الحديثة في مجال إدارة الموارد البشرية:

لقد شهد القرن العشرين اتجاها مهما هوتأكيده الكبير على نظرية رأس المال البشري، التي تتناول الفرد باعتبار أنه الأساس في عمليات التنمية وباعثها ومحركها الأول ومن ثم تستند على افتراض مؤداه أن تنمية الموارد البشرية تعتبر ضرورة حتمية للقيام بأي جهد نحوتحقيق التقدم الاقتصادي والاجتماعي (رسمي، 2004، 14)، وان هذا الاهتمام بالموارد البشرية نتج عنه اهتمام بالغ بكيفية إدارة هذه الموارد بشكل صحيح وسليم ووفق توجهات العصر.

ويقصد بإدارة الموارد البشرية ذلك الجانب من العملية الإدارية الذي يتضمن عدد من الوظائف والأنشطة التي تمارس لغرض إدارة العنصر البشري بطريقة فعالة وايجابية بما يحقق مصلحة المنظمة ومصلحة العاملين ومصلحة المجتمع.

وتشمل إدارة الموارد البشرية إدارة كافة المجالات التي تحكم علاقة المنظمة بأفراد القوى العاملة بها بما يكفل الحصول على قوة عمل مناسبة كما ونوعا لتحقيق إنتاجية عالية للمنظمة. ويمتد مفهوم إدارة الموارد البشرية ليشمل مداخل تحقيق التوافق مع حاجات البشر الذين يكونون قوة العمل بما يكفل تحقيق أهداف المنظمة والعاملين.

وإن السبيل لتحسين وتطوير المنظمة أو المؤسسة هوالاستخدام الأمثل والفعال لمواردها البشرية، وتسهم الإدارة الفعالة للموارد البشرية في تحسين إنتاجية المنظمة بإيجادها طرقا أكثر فعالية لتحسين نوعية حياة العمل للعاملين وتحسين وتطوير الإسهام المنتج للموارد البشرية في المنظمة (هاشم، 1989، 27).

إن الوقت الذي كان يمكن فيه إحراز قفزات في الإنتاجية من خلال الاختراعات التكنولوجية والعناصر الفنية قد انتهى، نظرا لتوافر كم هائل من المعارف التكنولوجية والفنية لجميع الأطراف المتنافسة، والاستخدام المكثف والفعلي لهذه المعارف إلى درجة التشبع تقريبا، وإن السبيل المتاح الآن لإحداث مثل هذه القفزات هوسبيل الاستغلال الأمثل لعنصر الموارد البشرية الذي لم يستغل بالشكل المطلوب حتى الآن (جاب الله، 1990).

لقد شاع حديثا الاستخدام الفعال لمدخل الموارد البشرية بما يكفل زيادة فعالية المنظمة وإشباع حاجات العاملين في نفس الوقت باعتبار أن حاجات المنظمة وحاجات العاملين حاجات مشتركة ومتسقة مع بعضها البعض، ومن ثم لا يمكن إشباع إحداها على حساب الحاجات الأخرى. ويركز هذا المدخل الجديد على أهمية إدارة العاملين كموارد وليس كعوامل إنتاجية، أي ينظر إلى العنصر البشري كاستثمارات تحقق إذا ما أديرت عوائد طويلة الأجل للمنظمة في شكل زيادة في إنتاجيتها. وينظر هذا المدخل إلى العاملين كبشر لهم حاجات ومشاعر وقيم يمكن من خلال إشباعها تحقيق فوائد لكل من المنظمة وأفراد القوى العاملة، وهوأمر يحفز الإدارة على الاهتمام بصياغة برامج وسياسات وممارسة تطبيقات فعالة تحقق إشباع كل من الحاجات الاقتصادية والعاطفية للعاملين مع تحقيق أقصى قدر من التوازن بين حاجات ومتطلبات كل من المنظمة والعاملين وتوفير بيئة عمل مناسبة تتيح لأفراد القوى العاملة النمو والتطور والاستخدام الأمثل لقدراتهم ومهاراتهم (هاشم 1989، 30).

وأصبحت البلدان النامية هي أشد البلدان احتياجا إلى الاستفادة من مواردها البشرية المتاحة بوفرة وبمستوى تعليمي لا بأس به، وذلك بأسلوب إداري علمي قائم على المواءمة الدقيقة بين الاستفادة من خبرة الآخرين ومقتضيات ظروفها وتقاليدها وعاداتها المحلية.

وظائف العملية الإدارية في ضوء الاتجاهات الحديثة:

إن أهم وظائف أو عناصر العملية الإدارية في ضوء الكتابات الإدارية الحديثة والتي تنعكس على الإدارة التربوية والمدرسية هي ما يأتي:

1 ــ التخطيط:

إن كتب الإدارة تزدحم بتعريفات مختلفة للتخطيط، فهناك من يعرف التخطيط بأنه (التقرير سلفا بما يجب عمله، وكيف يتم، ومتى، ومن الذي يقوم به). ومن الكتاب من يرى أن التخطيط (يتضمن الاختيار بين البدائل من الأهداف والسياسات والإجراءات والقواعد مع تحديد الوسائل لبلوغها. أما هنري فايول فيقول (إن التخطيط في الواقع يشمل التنبؤ بما سيكون عليه الوضع في المستقبل مع الاستعداد لهذا المستقبل).

ومهما تعددت التعريفات، فإن التخطيط يعتبر من وظائف الإدارة الرئيسية، وهويسبق الوظائف الأخرى، باعتبار أن كل الوظائف الأخرى لا يمكن أن تعمل بفاعلية إلا بتوفر عنصر التخطيط، وهوأمر منطقي للغاية. فالتخطيط الناجح يعتمد على قدرة الإداري على التنبؤ بالمتغيرات البيئية، أو المتغيرات الداخلية. ولا يمكن تحقيق أهداف المؤسسة أو المنشأة بعيدة الأمد في ظل غياب خطط بعيدة الأمد. ولا تتحقق ألأهداف أصلا بدون خطط، سواء كانت الخطط قصيرة الأمد، أو متوسطة، أو بعيدة (العلاق، 1999، 20).

وأهمية التخطيط تزداد يوما بعد يوم في جميع المنظمات كلما ازدادت البيئة تعقيدا وتعددت المشكلات وتضاربت الأهداف والطموحات لأنه أي التخطيط يتناول تحديد الأهداف والنتائج المتوقعة من تنفيذ الأعمال، كما وأنه يحدد المستلزمات البشرية والمالية والمادية اللازمة لبلوغ تلك الأهداف (موسى، 1990، 44).

والتخطيط عادة عملية تتجه نحو المستقبل وتحاول التنبؤ بما سيحدث أو ما يراد تحقيقه في المستقبل وفي ضوء ذلك ترسم الخطط والسياسات اللازمة لمواجهة ذلك المستقبل وما ينطوي عليه من أمور (صخي وآخرون، 1992، 16). والتخطيط يعد عملية تحليلية تتضمن تقويما للمستقبل، وتحديد الأهداف المرغوبة في إطار المستقبل، ووضع البديل لتحقيق هذه

الأهداف، واختيار البديل أو البدائل المناسبة لتحقيقها.

وطبيعة عملية التخطيط في جوهرها ــ عملية مستمرة ــ تقوم على اتخاذ القرارات مثل الاختيار لبديل من بين عدة بدائل ــ تهتم بالمستقبل آخذا بنظر الاعتبار الماضي والحاضر ــ تبدأ حيث يتم الانتهاء من تحديد الهدف بدقة ووضوح (حسان والعجمي، 2007، 115).

والتخطيط هو أساس العمل الإداري وتعتمد علي جميع وظائف الإدارة لا سيما وظيفتي التنظيم والمتابعة. وهوالعملية التي بواسطتها يتمكن المدراء من تحديد الأهداف وأخذ الخطوات الضرورية لضمان إنجاز هذه الأهداف بأفضل شكل.

ويتضمن التخطيط تحديد وإيضاح للأهداف ومجال العمل، والفحص بقصد الكشف عن العوامل المؤثرة وتحديد آثارها المحتملة على إنجاز الأهداف، وصنع القرار لتحديد عمل النظام وكما تشير إليه عمليات تعريف الأهداف، الفحص، والتحليل (رسمي، 2004، 87).

أما الضوابط التي يجب أن تؤخذ بنظر الاعتبار عند التخطيط فهي:

1- يرتبط التخطيط مع الأهداف ويتمشى معها.

2- يتكامل التخطيط مع باقي وظائف الإدارة.

3- يكون التخطيط على كافة مستويات الإدارة من قمة التنظيم الإداري إلى قاعدته.

4- يكون قادرا على تحقيق أهداف المؤسسة أو المنظمة.

5ـ يتيح إمكانية التعديل أو التبديل.

6ـ أن يكون واقعيا.

7- يكون دقيقا في تنبؤاته.

8ـ مراعاة توفير الوقت الكافي والإمكانات اللازمة لتحقيق تخطيط ناجح (حسان والعجمي، 2007، 116، 117).

2ـ التنظيم:

يعرف الهواري التنظيم بأنه عملية تتعلق بتقسيم وتجميع الأعمال المطلوب القيام بها بوظائف معينة ثم تحديد العلاقات بين الأفراد الذين يشغلون هذه الوظائف (موسى، 1990، 46).

ويعني التنظيم بناء علاقات تحددها السلطة الضرورية، والتنسيق بين مختلف الأفراد لأداء مهام معينة لتحقيق أهداف التنظيم، فهي علاقة بنائية تعمل على ربط العناصر التنظيمية وإطار يتم من خلاله تنسيق جهود الأفراد (رسمي، 2004، 104).

ولكي تنجح الإدارة في عملها، لابد من توافر تنظيم سليم تحقق من خلاله أهداف المنظمة وغاياتها، وهذا التنظيم ذوشقين أحدهما مادي ويختص بمكونات العمل وتجهيزاته وتوزيع مسؤولياته، والشق الثاني: إنساني، ويختص بالجانب البشري، من حيث طبيعة الأفراد وقدرتهم على العمل، ثم توجيه طاقتهم للعمل، ومن ثم يكون للعلاقات الإنسانية دورها الهام في نجاح الإدارة في عملها (سليمان، 1988، 227). وإن نوعية هذا التنظيم ينطبق على جميع الإدارات الأخرى بما فيها الإدارة التربوية والتعليمية والإدارة المدرسية.

وعلى هذا الأساس فان التنظيم يقدم للمدير الوسائل التي يستطيع من خلالها العمل جماعيا وبفاعلية نحوتحقيق الأهداف المرسومة. ولغرض تحقيق هذه الأهداف فإن على المدير أن يحدد أو لا النشاطات والأعمال المطلوب تنفيذها وإدارتها، ومن سيتولى مساعدته، ولمن يقدم تقارير العمل، ومن يقدم له بدوره هذه التقارير. ولابد للمدير أن يعرف الإطار التنظيمي الكلي الذي يعمل فيه وموقعه في هذا الإطار، ووسائل الاتصالات. وبدوره فإن المرؤوس يجب أن يعرف طبيعة الوظيفة المطلوبة من وحدود هذه الوظيفة، وعلاقته برئيسه، والمجموعة التي تعمل معه، والمجموعة الكلية التي يتكون منها البناء التنظيمي (العلاق، 1999، 21).

وإن أهم الأبعاد التي تكون مفهوم التنظيم هي ما يأتي:

أ- تحديد الأنشطة اللازمة لتحقيق الأهداف وتجزئتها إلى عناصر أساسية.

ب- تحديد الوظائف المختلفة التي تجمع أعمالا وواجبات متشابهة وتجميع هذه الوظائف في وحدات إدارية تتجمع هي الأخرى في أقسام متماثلة ومتشابهة.

ج- تحديد خصائص العاملين بالوظائف ومواصفاتهم مع تحديد من يشرف على الوحدات المختلفة.

د- تحديد اختصاصات الوظائف والوحدات والأقسام والإدارات مع تحديد السلطة والمسئولية منها في ضوء الإمكانات المادية المتاحة.

والتنظيم لا يكتمل بمجرد تحديد الوحدات التنظيمية الأساسية وتوفير العوامل المادية المناسبة، وتعين الأفراد المناسبين في كل وحدة، فهذه الوحدات ينبغي أيضا ربطها مع بعضها البعض بحيث يمكن للأفراد العمل مع بعضهم بفاعلية وعملية الربط هذه يمكن تحقيقها رأسيا وأفقيا (حسان والعجمي، 2007، 118، 119).

وهكذا فإن وظيفة التنظيم تبحث في تحقيق التنسيق بين القوى العاملة والموارد المتاحة بما يكفل تنفيذا لخطة بكفاءة وفاعلية. ومن أجل تحقيق ذلك يتم تحديد أوجه النشاطات للمنظمة أو المنشأة أو المؤسسة التعليمية بما فيها المدرسة وتوزع على العناصر البشرية فيها. وفي ضوء ذلك يتم تحديد الاختصاصات والمسؤوليات والعلاقات والاتصالات بين الوحدات التنظيمية وبين الأفراد العاملين فيها.

3- التوظيف:

إن التوظيف أو التشكيل أو ما يسمى بتنمية الهيأة الإدارية هووظيفة إدارية تنطوي على البحث عن الإداريين، واختيارهم، وتعينهم وترقيتهم وتقاعدهم. ولكونه أحد الوظائف الإدارية الأساسية، فإن التوظيف بهذه المعاني يعتبر وظيفة أساسية لكل المديرين.

4- التوجيه:

يعتمد التوجيه بشكل رئيس على مدى سلامة التخطيط والتنظيم. فالتوجيه يتوقف على تحديد الأهداف ووضوحها لجميع العاملين وعلى حسن توزيع المهمات والمسؤوليات عليهم (صخي وآخرون: ص 18).

وهوالوظيفة الإدارية التنفيذية التي تنطوي على قيادة الأفراد والإشراف عليهم وتوجيههم وإرشادهم حول كيفية تنفيذ الأعمال وإتمامها وتحقيق التنسيق بين مجهوداتهم وتنمية التعاون الاختياري بينهم من أجل تحقيق هدف مشترك. وتمارس هذه الوظيفة من خلال عمليات القيادة والحفز والاتصال مستندة في ذلك إلى فهم واضح لطبيعة السلوك الإنساني وكيفية توجيهه بالشكل الذي يحقق الأهداف المنشودة(العلاق، 1999، 21).

ويمثل التوجيه إستراتيجية العمل وإحدى الأساليب الفعالة في حفز الأفراد وتقتضي إدراك مجموعة من العلاقات المتشابكة تؤثر في السلوك ويحتم على القيادة التعامل معه بهدف إحداث الانسجام بين الفرد وبيئة العمل، وبث روح العمل الجماعي والعمل على مقابلة توقعات الفرد والجماعة (رسمي، 2004، 125).

وإن إغفال التوجيه قد يؤدي إلى القصور والتسيب في العمل أو إحداث خلل فيه، لذلك يجب أن يتماشى مع مسار العلاقات الإنسانية، إذ ينبغي أن يتم بأسلوب لين وواضح، وبعيد عن التسلط أو الإساءة حتى يحقق الغاية منه، مع مراعاة الفروق الفردية في عملية التوجيه، حيث أنه من المعلوم أن الأفراد أو العاملين ليسوا كلهم سواء في تقبل التوجيه وتنفيذه، وان الهدف الرئيسي من التوجيه هومصلحة العمل، وهذه الأخيرة ينبغي أن تبنى على التعاون بين أفراد المنظمة أو المؤسسة التعليمية (المدرسة) والتغلب على ما قد يعترضهم من صعوبات ومشكلات تحد من نشاطهم أو تقلل من فاعليتهم في العمل (سليمان، 1988، 235).

وفي هذا الصدد فإن المدير الناجح هوالذي يستطيع أن يوجه العاملين معه لكي يعملوا بفاعلية وكفاية لتحقيق الأهداف المطلوبة والمرسومة، وهذا يتطلب منه، القدرة على إثارة اهتمام العاملين معه لتحقيق تلك الأهداف، وإيجاد الترابط بين الأهداف الفردية

والأهداف العامة، كما يتطلب أيضا قدرة المدير على توجيه العاملين وحفزهم لبذل أكبر جهد ممكن للإسهام في حل مشكلات قد تصادفهم في بيئة العمل أو في البيئة المحيطة بها.

5- التنسيق:

التنسيق هو العملية إلي تهدف إلى تحقيق وحدة العمل بين الأنشطة المتداخلة. وتكون وظيفة التنسيق ضرورية حينما وجد اثنان أو أكثر من الأفراد المتداخلين، أو الجماعات المتداخلة أو الأقسام المتداخلة تسعى لتحقيق هدف عام. وتتضمن وظيفة التنسيق التأكد من أن جميع المجموعات وجميع الأشخاص يعملون بفاعلية وعلى نحو اقتصادي ويتوافق في اتجاه الهدف الرئيسي (العلاق، 1999، 22).

والتنسيق يزيل كل عوامل التنافر والتضاد في المؤسسة أو المنظمة ويحل محلها كل حالات التوافق والعمل باتجاه واحد بهمة وبروح معنوية عالية يتحلى بها جميع العاملين في المنظمة أو المؤسسة لتحقيق الأهداف المنشودة.

6ـ الرقابة:

إن الرقابة تتضمن القياس الدائم للأداء الفعلي ومقارنة النتائج بالاحتكام إلى المعايير، والمبادأة بالعمل يميله الاختلاف القائم بين الأداء الفعلي والمعايير المطروحة. والرقابة هي امتداد لعملية التخطيط تستند كفايتها وفعاليتها على مدى وكفاية وفعالية عملية التخطيط بما تحويه من تحديد واضح ودقيق للخطة وأهدافها. (رسمي، 2004، 118).

وتعني الرقابة التأكد من أن الذي تم أو أنجز مطابق لم أريد أتمامه، وهي وظيفة إدارية يمارسها المدير مباشرة أو بواسطة الآخرين من أجل كشف مدى تطابق المعلوم بالمفروض، ومدى الابتعاد عنه سلبا أو إيجابا مع القيام بالفعل التصحيحي في الزمن والاتجاه المناسب من أجل تحقيق الأهداف بكفاءة. (ربيع، 2006، 22).

والرقابة بوجه عام متابعة تنفيذ العمال والخطط باستمرار ومحاولة اكتشاف الانحرافات

عن الخطط والأهداف المحددة، مع تحديد أسباب الانحراف واتخاذ الإجراءات التصحيحية في الوقت المناسب لإصلاح الاعوجاج والانحرافات بعد كشف الأخطاء وسوء التصرف والتقصير والانحراف والفساد، وبعد متابعة الأداء (حسان والعجمي، 2007، 130).

وتبرز ضرورة القيام بوظيفة الرقابة من خلال دورها في التأكد من أن تنفيذ الأعمال من قبل العاملين يتم وفقا للخطط المحددة مسبقا، وتأشير الانحرافات التي تحصل في التنفيذ عن الإطار أو الحدود التي بينتها تلك الخطط. ويتم ذلك من خلال قياس النتائج المتحققة وموازنتها بالنتائج أو الأهداف المتوقعة من الموارد البشرية أو المادية (موسى، 1990، 50).

والرقابة تشمل متابعة الأعمال التي تتم أولا بأول للتعرف على مدى مطابقتها للخطة الموضوعة، حتى إذا ما اكتشفت الإدارة فيها انحرافا عما هومقرر إنجازه أمكنها أن تقوّم أو أن تفحص ذلك الانحراف قبل أن يستفحل أمره. وهذا يقتضي وضع معايير رقابية محددة وواضحة لكي يقاس عليها تنفيذ الأعمال، وتقرير أساليب تصحيح الانحرافات في حالة حصولها. وقد تكون الرقابة نابعة من داخل المنظمة، حيث يؤخذ في الاعتبار عند وضع الخطة والبنيان التنظيمي أن تقوم بعض الأجهزة بمراقبة الأخرى. كما قد تكون الرقابة خارجية، حين تكون هناك سلطة أعلى من المنظمة المعنية يهمها أن تحافظ على نشاط تلك المنظمة وتتأكد من أن ما تقوم به من نشاطات وأعمال إنما يخدم مصلحة المجتمع ولا يتعارض معها(العلاق، 1999، 22).

إن الإداري الناجح اليوم هوالذي يتعامل بواقعية مع المستجدات والتطورات السريعة الحاصلة في كافة الميادين العلمية، مستلهما من حداثتها في عمله الإداري، كي لا يكون بعيدا عن حالة التطور والإبداع، وبالتالي لا يستطيع التحكم في مهامه ومسؤولياته، لذا صار ضروريا أن يتطور الأداء الإداري لكل العاملين في كافة المؤسسات والمنظمات ومنها المؤسسات التربوية والتعليمية.

الفصل الثاني

الإدارة التربوية

يحتوي الفصل على:

- مفهوم الإدارة التربوية
- أهمية الإدارة التربوية
- تطور الإدارة التربوية
- خصائص الإدارة التربوية
- نظريات الإدارة التربوية
- نظرية الإدارة التربوية كعملية اجتماعية
- نظرية تالكوت بارسونز
- نظرية الإدارة التربوية كعملية اتخاذ القرار
- العوامل الأساسية المؤثرة في الإدارة التربوية
- العوامل الاجتماعية
- العوامل الاقتصادية
- العوامل السياسية
- العوامل الدينية
- العوامل السكانية
- العوامل الطبيعية والجغرافية

مفهوم الإدارة التربوية:

عرفها دمعة بأنها: تعني العمل المشترك الفعال الذي يقوم به الجهاز الإداري الأعلى بمختلف عناصره وتقسيماته الإدارية لوضع السياسة التربوية وإدارة كل نشاط تتحقق من ورائه تلك السياسة (دمعه ورهيف، 1976، 23).

وعرفها سيكس بأنها (تعني الاشتراك في وضع السياسات والنشاطات العديدة المطلوبة لتأمين وتوجيه الموارد البشرية والمادية نحوتحقيق أهداف المؤسسة التربوية R،Sax (1980:p.15).

والإدارة التربوية تعني تنظيم جهود العاملين وتنسيقها لتنمية الفرد تنمية شاملة في إطار اجتماعي متصل بالفرد، وبذويه، وبيئته. ويتوقف مدى نجاحها على مدى المشاركة في اتخاذ القرار، وهوعامل ضروري لنجاح أي نوع من أنواع الإدارة (الدويك، وآخرون، ب ت، 12).

والإدارة التربوية بمفهومها الحديث يعدها وسيلة وليست غاية، وهي مجموعة عمليات متشابكة وشاملة لكل النظام التربوي في المجتمع المتمثل في جهاز التربية والتعليم الرسمي (الوزارة) وما يصنعه من سياسة تربوية، وأنظمة، وما يحدده من مناهج ومقدمات ومراحل تعليمية. وتعنى الإدارة التربوية بتنظيم العناصر البشرية (المعلمين والموظفين والطلبة وأولياء أمور التلاميذ)، وتنظيم العناصر المادية (الأبنية والتجهيزات والأثاث والأدوات والأنظمة والتشريعات)، ويؤكد المفهوم الحديث للإدارة التربوية على التعاون والعمل الجماعي، وترابط مقومات العملية التربوية مع بعضها البعض (عابدين، 2001، 22).

أهمية الإدارة التربوية:

إن الإدارة التربوية لا تختلف عن الإدارة في الميادين الأخرى من حيث أسسها ومبادئها ولكنها ترتبط بالنظام التربوي بأكمله، فهي تهتم بوضع السياسات العامة للتنظيم التربوي وربطه بالعملية التربوية. (الرشيد وخلف، 1982).

وأصبحت الإدارة التربوية وسيلة يقاس نجاحها بمدى قدرتها على تحسين البرامج التربوية وحسن تنفيذها ولذا فهي تؤكد على التعاون والعمل الجماعي وتناسق مقومات العملية التربوية مع بعضها مما يفرض على الإداري التربوي فهما عميقا وشاملا للمقومات التربوية لتحقيق أقصى درجات التكامل والتناسق وذلك لأهمية الإنسان ودوره وروحه المعنوية وأهدافه (إلياس، 1984، 21).

وقد شهدت الإدارة التربوية اتجاهات جديدة حيث لم يعد واجب رجل الإدارة ومهمته الأساسية التربوية تسيير شؤون إدارته تسييرا روتينيا يتمثل في المحافظة على سير العمل وفق البرنامج المخطط، بل أصبح عمله يدور على توجيه النمو المتكامل في العمل والعمل على تحسين العملية التربوية لتحقيق هذا النمو كما أصبح يدور حول تحقيق الأهداف الاجتماعية التي يرجوها المجتمع. حتى شملت كل ما يتعلق بالطلبة، وإفراد الجهاز الإداري والتعليمي، ومناهج الدراسة، وطرائق التدريس، والإشراف على النشاطات المختلفة وتحويلها وإدارتها داخل المؤسسة التربوية وخارجها (دمعة، 1976، 24).

والإدارة التربوية هي نمط إداري جاء من أصل الإدارة العامة، إلا أن لها شخصيتها المستقلة، حيث إن الإدارة تهتم بجملة عمليات إدارية تتطلب رسما للسياسات واتخاذا للقرارات...الخ ، أما بالنسبة للإدارة التربوية فان عملها مرهون بالسلطة التربوية العليا من حيث رسم السياسات واتخاذ القرارات.

كما أن الإدارة التربوية واحدة من الجوانب الرئيسية في العملية التربوية التي تلعب دورا هاما في صياغة وتعديل وانجاز أهداف المجتمع وتحقيق طموحاته لذا فإن السعي الدءوب لتحسين نوعية التربية والتعليم لابدّ أن يواكبه اهتمام بتطوير مفاهيمنا وممارساتنا

الإدارية. ولكون التربية نشاط له غاياته ويتفاعل فيه إنسان مرب مع إنسان متعلم لينتج إنسانا ومواطنا صالحا تتوافر فيه حقائق ومعلومات، وقيم واتجاهات وعادات ومهارات فأصبح قطاع الإدارة والإشراف وما يتبعهما من خدمات وتسهيلات هومحور الإدارة التربوية. (الطويل، 1998، 53).

تطور الإدارة التربوية:

لقد تطور مفهوم الإدارة التربوية ــ شأنها شأن أنواع الإدارة الأخرى ــ متأثرا بما طرأ من تطور على المفهوم العام للإدارة أو لا، وبما طرأ على مفهوم التربية نفسه وإدارتها ثانيا. فبعد أن كان عمل المدير يقتصر عل تنفيذ ما يعهد إليه من تعليمات، وينحصر داخل جدران المدرسة. أصبح يتركز على التلميذ، وما يحيط بالعملية التربوية بمفهومها الشامل من ظروف وإمكانات، تساعد الطالب على النموالشامل والمتكامل ــ صحيا وعقليا وانفعاليا واجتماعيا. وامتد عمل المدير ليشمل المجتمع المحلي الذي يعيش فيه. باعتبار أن من واجب المدرسة أن تتعرف على احتياجات هذا المجتمع وتحللها، ومن ثم تعمل على تلبيتها.

إن وحدة الإدارة التربوية هي النظام التربوي على مستوى الدولة والمجتمع بما فيه من مدارس ومؤسسات تربوية وخدمات تعليمية وصحافة وإعلام، وما يحكم ذلك كله من تشريعات وقوانين. إن وزير التربية هوالمسؤول عن تنسيق السياسة التعليمية والتربوية بما يتفق والسياسة العامة للدولة على الصعيد القومي، كما أنه هوالمسؤول عن الإشراف عل تنفيذ هذه السياسة. وإن كانت هذه المسؤولية تتأثر بمدى السلطة الممنوحة له حسب طبيعة البلد الذي يعيش فيه، وحسب نظامها السياسي والاجتماعي (الدويك، ب ت، 12، 13).

خصائص الإدارة التربوية:

إن المجال الذي تعمل فيه الإدارة التربوية هوالنظام التربوي بشكل عام، وتمثله الدائرة السياسية المسؤولة عن التعليم والمعروفة بوزارة التربية والتعليم، من خلال رسم السياسات

التربوية بما ينسجم مع السياسة العامة للدولة أو النظام السياسي القائم، وسن التشريعات والقوانين التربوية، وتخطيط التعليم، وتحديد الميزانيات، ويرئسها وزير التربية والتعليم.

فالإدارة التربوية هي النشاط المتخصص الذي يخطط وينظم ويوجه الموارد البشرية، بما يتفق مع أهداف وحاجات التلاميذ والمدرسة والمجتمع، وهي النشاط الذي يوحد عمل التلميذ والمدرس والمجتمع لتحقيق أعلى درجة من الرضا والنموللجميع (السفاسفة، 2005 ، 174).

إن إدارة النظام التربوي والإشراف عليه لها خصوصية تختلف عن إدارة النظم الأخرى وإداراتها المعنية، فالخصائص التي تتميز بها الإدارة التربوية عن غيرها من الإدارات هي:

1ـ أنها ضرورية وهامة بالنسبة للمجتمع، فبواسطة النظام التربوي تتيسر العملية التعليمية والعملية التربوية.

2ـ لها خصوصية عالية لدى أفراد الشعب، ولها ثقلها الجماهيري وحساسيتها في كونها على تماس مباشر في إدارة تعليم وتربية الطلبة.

3- تعقد ميادين العمل الوظيفي فيها كونها تتعامل في إدارة الجنس البشري.

4- ألفة العلاقات الضرورية بين العاملين في المجال التربوي.

5- الاهتمام بالتأهيل الفني والمهني للعاملين والعناية به.

6- تواجه الإدارة التربوية في عملها صعوبة القياس والتقويم (نبراي، 1993 ، 21).

خصائص الإدارة التربوية التي تشترك بها مع الإدارات الأخرى:

ومن أهم الخصائص والمهام التي تشترك بها الإدارة التربوية مع غيرها من الإدارات الأخرى هي ما يأتي:

- الالتزام بتحقيق الأهداف الخاصة بالمنظمة أو المؤسسة.

- العمل على تقدم المؤسسة ونموها وتطوير العمل بها إلى ما هوأفضل على الدوام.

- استخدام جهود الناس الآخرين ومحاولة استثارة طاقاتهم وقدراتهم الإبداعية.

- تقديم المصلحة العامة على المصلحة الخاصة. (جوهر، 1984، أ ـ ب).

نظريات الإدارة التربوية: إن أهم النظريات التي جاءت في الإدارة التربوية هي:

أولا: نظرية الإدارة التربوية كعملية اجتماعية:

وتشمل هذه النظرية نموذج (جيتزلز) ونموذج جوبا:

1ـ نموذج جيتزلز: وفيه أن الإدارة التربوية تسلسل هرمي للعلاقات الوظيفية بين الرؤساء والمرؤوسين في إطار اجتماعي، وتوزيع الأدوار وتكاملها من أجل تحقيق أهداف النظام الاجتماعي.

نموذج جيتزلز للبعد التنظيمي المعياري والبعد الشخصي للسلوك الاجتماعي

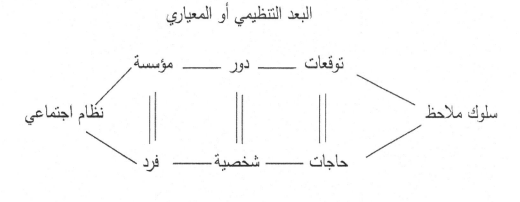

البعد التنظيمي أو المعياري

2ـ نموذج جوبا (Guba):

وتقوم هذه النظرية على أن القائد التربوي يعمل كوسيط بين مجموعتين من القوى الموجهة للسلوك: القوى التنظيمية من جهة والشخصية من جهة أخرى لإحداث سلوك مفيد من الناحية التنظيمية، وفي نفس الوقت محقق للرضا النفسي.

ينظر جوبا إلى القائد التربوي على أنه يمارس قوة ديناميكية يخولها له مصدران:

1- المركز الذي يشغله في ارتباطه بالدور الذي يمارسه.

2- المكانة الشخصية التي يتمتع بها.

ويحظى رجل الإدارة التربوية بحكم مركزه بالسلطة التي يخولها له القانون، وهذه السلطة يمكن أن ينظر إليها على أنها رسمية مفوضة إليه من السلطات العليا، أما المصدر الثاني للقوة المتعلق بالمكانة الشخصية وما يصاحبه من قدرة على التأثير فإنه يمثل قوة غير رسمية ولا يمكن تفويضها.

وكل رجال الإدارة بلا استثناء يحظون بالقوة الرسمية المخولة لهم لكن ليس جميعهم يحظى بقوة التأثير الشخصية، ورجل الإدارة الذي يتمتع بالسلطة فقط دون قوة التأثير يكون قد فقد نصف قوته الإدارية.

ويرى جوبا أن بعض التعارض بين الدور والشخصية أمر لا يمكن تجنبه وهو يمثل قوة طرد سلبية تعمل ضد النظام وتميل إلى تفكيكه، لكن في نفس الوقت يوجد قوى أخرى إيجابية تعمل على المحافظة على تكامل النظام، هذه القوى تنبع من الاتفاق على الهدف ومن القيم التي تسود المؤسسة التربوية (حامد، 2009، 219).

نموذج جوبا

قائد العمل التربوي
يمارس قوة
رسمية مخولة لها تأثيرها على
غير رسمية وغير مخولة لها تأثيرها على
قوة ايجابية تعمل
على تكامل المنظمة
البعد التنظيمي
القوة الطاردة السلبية
تعارض الأدوار
البعد الشخصي
قوة ايجابية تعمل
على تكامل المنظمة
الأهداف والقيم
الأهداف والقيم
السلوك
الأهداف

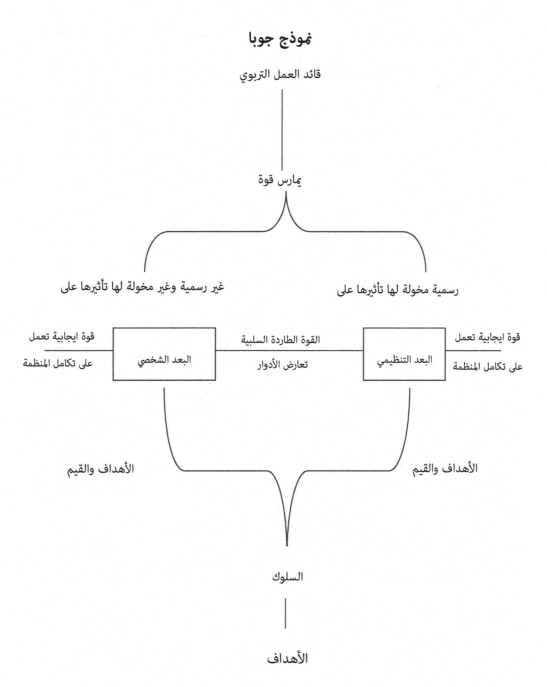

ثانيا: نظرية تالكوت بارسونز (T. parsons):

وتبنى هذه النظرية على أن الإدارة التربوية متفرعة من المجتمع الكبير، فتقوم على أربع مسائل وهي:

1- التأقلم والتكيف مع مطالب البيئة الخارجية.

2- تحقيق الهدف: وذلك بتحديده وتجنيد الوسائل المتاحة من أجل الوصول إليه.

3- التكامل بين أعضاء المؤسسة التربوية، بالتنسيق بينهم وتوحدهم.

4- الديمومة باستمرار تحفز المؤسسة.

ويميز بارسونز بين ثلاثة مستويات وظيفية في التركيب الهرمي للمؤسسة التربوية:

أ: المستوى المهني أو الفني وهومتعلق بمشكلات التكيف والتأقلم وتحقيق الأهداف.

ب: المستوى الإداري وهومتعلق بمشكلات التكامل والتنسيق.

ج: مستوى المصلحة العامة وهومتعلق بالديمومة والاستمرارية في تحفز المؤسسة.

ثالثا: نظرية الإدارة التربوية كوظائف ومكونات:

1ـ نظرية سيرز (Sears): لقد حلل سيرز الإدارة التربوية إلى خمسة عناصر هي: التخطيط، التنظيم، التوجيه، التنسيق، الرقابة. وطبيعة الإدارة يراها مستمدة من طبيعة الوظائف والفعاليات التي تقوم بها المؤسسة التربوية، وعلى منواله قامت الرابطة الأمريكية لمديري المدارس عام 1955 م بتقديم تحليلا آخر في كتابهم السنوي كما يأتي: التخطيط ـ التخصيص ـ الاستثارة ـ التنسيق ـ التقييم.

2ـ نظرية المكونات الأربعة: يرى (هالبين) أن الإدارة التربوية لها أربعة مكونات هي: العمل - المؤسسة التربوية ـ العاملون - القائد التربوي.

3 ـ نظرية الأبعاد الثلاثة: وتعد هذه النظرية من الجهود المبتكرة في ميدان التنظير للعمل

التربوي ولها ثلاثة عوامل وهي: الوظيفة- رجل الإدارة- الجوالاجتماعي (مرسي، 1986 ، 64 ـ70)، (حامد، 2009، 222).

رابعا: نظرية الإدارة التربوية كعملية اتخاذ القرار:

1ـ نموذج جريفت لاتخاذ القرار: يرى جريفت أن تركيب التنظيم الإداري في العمل التربوي يتحدد بالطريقة التي تعمل بها القرارات، ويرى أن خطوات اتخاذ القرار تتضمن:

- وضوح الأهداف وفهمها.

- تجميع الحقائق والآراء والأفكار المتصلة بالمشكلة.

- تحليل وتفسير المعلومات.

- التوصل إلى احتمالات ممكنة لصورة القرار.

- تقييم مدى فعاليته في تحقيق الأهداف.

- تصل عملية اتخاذ القرار إلى ذروتها بتغليب أحد الاحتمالات واختباره على أنه الأنسب.

نموذج جريفت

المعرفة المهنية
عملية اتخاذ القرار
معرفة موقف معين
موقف وسيط شعور بعدم الرضا
تحديد المشكلة
معلومات عن المشكلة
صياغة البدائل
نتائج البحوث
الموارد المالية
الممارسة المهنية
أولويات الاحتياجات
موازنة البدائل
النظرية التربوية
مشكلات التطبيق
عمل القرار
التنفيذ وما يتعلق به من خطوات في العملية

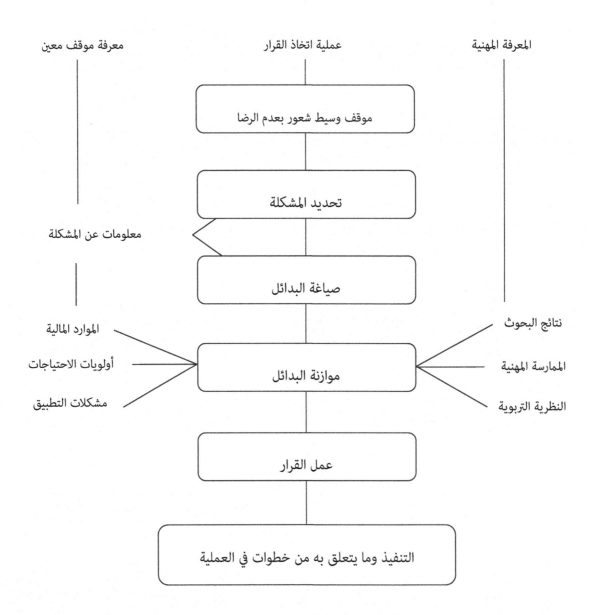

وعندما يتخذ القرار تبدأ مرحلة وضع برنامج للتنفيذ بالإمكانيات والوسائل المادية والبشرية المتاحة، مع وضع الضمانات اللازمة لاستمرار التحمس لبرنامج وضمان التنسيق وتكامل الاتصال. وبعدها تأتي المرحلة الأخيرة وهي مرحلة التقويم (مرسي 1986 ، 56، 57)، (حامد، 2009، 221).

العوامل الأساسية المؤثرة في الإدارة التربوية:

إن أهم العوامل الأساسية التي تؤثر في الإدارة التربوية هي ما يأتي:

1ـ العوامل الاجتماعية:

تخضع الإدارة التربوية في أي مجتمع إلى العديد من القوى والضغوط الاجتماعية التي لا يمكن تجاهلها بل ينبغي مراعاتها أو التغلب عليها، فزيادة طموح الآباء وكبر آمالهم وتوقعاتهم في تعليم أبنائهم يواجه الإدارة التربوية بمشكلات متنوعة مثل مد وإطالة فترة الإلزام والالتحاق بالتعليم الثانوي والجامعي أو العالي، ويرتبط بذلك أيضا تزايد الطلب الاجتماعي على نوع معين من التعليم.

ومن القوى الاجتماعية المؤثرة على الإدارة التربوية أيضا وضع المرأة الاجتماعي ودورها في المجتمع ومدى مساهمتها فيها وما يرتبط بذلك من تقاليد اجتماعية والمشكلات التي يثيرها تعليم المرأة وما يتصل بالأسئلة التي تثار عادة حول أمور التعليم المختلط وبرامج الدراسة المناسبة للفتاة، وسن تركها المدرسة والانتظام في الدراسة ومدى الانفصال عنها، ومن ناحية أخرى فإن دخول المرأة باستمرار إلى ميدان العمل يفرض على الإدارة التعليمية مشكلة توفير نظام جيد لمرحلة الحضانة أو رياض الأطفال وهوأمر أشد ما يحتاج إليه نظامنا التعليمي في الفترة الراهنة (حسان والعجمي، 2007، 139).

2 ــ العوامل الاقتصادية:

تتأثر الإدارة التربوية بالأوضاع والعوامل الاقتصادية السائدة في المجتمع وهذا التأثير يحدث من زاويتين: أو لهما البناء الاقتصادي وثانيهما النظرية الاقتصادية، فمن حيث البناء الاقتصادي نجد الإدارة التعليمية لكي تنجح لابد أن يكون هذا البناء الاقتصادي محور تفكير في سياستها التربوية حتى تعمل على دعم البناء وبالتالي تحويل ما ينفق على التربية من أموال إلى لون من ألوان الاستثمار البشري.

ومن ناحية أخرى نجد بلاد العالم المعاصر تتفاوت فيما بينها من حيث الدخل الفردي والقومي بسبب الأخذ بالتقدم العلمي أو عدم الأخذ به، كما أن البلاد المتقدمة تتفاوت فيما بينها في مدى استغلال العلم والتكنولوجيا والاستفادة بهما في دفع عجلة الحياة على أرض الوطن ومن ثم تتفاوت فيما بينها في ارتفاع الدخل الفردي والقومي بها.

وينعكس هذا التفاوت في الدخل الفردي والقومي على مدى قدرة الإدارة التربوية على توفير برامج التربية المناسبة والعصرية لأبناء المجتمع سواء في مرحلة التعليم الإلزامي أو مراحل التعليم الأخرى.

أما من حيث النظرية الاقتصادية فإن أثر العوامل الاقتصادية في الإدارة التربوية يبدو أوضح، ويعرف البعض النظرية الاقتصادية بأنها مسألة قيود أو لا قيود أو المسألة بعبارة أخرى تتوقف على مقدار تدخل الحكومات بسياستها في تقييد المعاملة داخل البلاد وخارجها. ويمكن تقسيم البلاد عموما من حيث النظرية الاقتصادية إلى نوعين:

ـ البلاد الرأسمالية التي تنطلق فيها المعاملات دون أن تتدخل الدولة في هذه المعاملات وإنما تترك الأمر للأطراف المتعاملة نفسها، تتفق فيما بينها.

- البلاد الاشتراكية التي تتدخل فيها الدولة في المعاملات الاقتصادية تدخلا يختلف من نظام اشتراكي إلى آخر حسب الظروف الخاصة بالمجتمع.

وبشكل عام فإن اختلاف المجتمعات في درجة نموها الاقتصادي وما يرتبط به من

اختلاف الإمكانات البشرية والمادية المتاحة يفرض على الإدارة التربوية العديد من المشكلات، وعلى السلطات التعليمية تقع مسؤولية تخطيط النظم التعليمية في ضوء احتياجات البلاد القومية والاقتصادية، وعلى هذه السلطات أيضا أن توفر ما يحتاجه المجتمع من طاقات بشرية، ثم إن التطور الصناعي للبلاد وما يترتب عليه من نشوء صناعات جديدة واستحداث مهن مختلفة وما يرتبط بذلك من الإعداد المهني المطلوب وبرامج التدريب المناسبة هي أمور تفرض نفسها بإلحاح على الإدارة التربوية.

وهناك أيضا المشكلات المالية وهي عامل مشترك بين الإدارة التربوية في مختلف بلدان العالم فكيف تواجه السلطات التعليمية المالية الأعباء المتزايدة للتنمية التعليمية وما يرتبط بها من زيادة في الإنفاق والتكاليف ؟ وكيف تواجه أيضا الطلب المتزايد على تحسين العملية التربوية وما قد يحتاجه هذا التحسين من إعداد للمعلمين وتحسين لأوضاعهم المادية والمهنية وتحسين البرامج التعليمية وتحسين معدلات النسب بين التلاميذ والمعلمين، وكذلك تطوير الأبنية المدرسية وما تحتاجه إلى غير ذلك من المسائل الهامة التي تطرح نفسها باستمرار أمام السلطات التعليمية.

3 ــ العوامل السياسية:

تتأثر الإدارة التربوية بالسلطة السياسية القائمة في الدولة، وذلك لارتباطها الوثيق بها، فهي تتأثر باتجاهاتها وتشريعاتها وأجهزتها المختلفة، فيلاحظ أن الدول التي تحمل فكرا سياسيا معينا تحاول السيطرة على التعليم بأكمله لتستطيع عن طريقه أن تحقق الأهداف المتضمنة والصريحة في عقيدتها السياسية كما في الدول الاشتراكية، في حين أن الدول الرأسمالية وعلى الرغم من أنها تؤمن باللامركزية إلا أنها تتدخل أحيانا في شؤون التربية والتعليم لأسباب سياسية وإستراتيجية إيمانا منها بأهمية التربية التعليم وقوة تأثيره في تحقيق أهداف المجتمع.

وعند الحديث عن أثر العوامل السياسية على الإدارة التربوية ينبغي الإشارة إلى أمرين: أولاهما صعوبة الفصل بين العوامل السياسية والعوامل الاقتصادية،

فالاقتصاد كبناء هوالقوة المحركة للسياسة، والسياسة كسلوك هي الإطار الذي يدور فيه النشاط الاقتصادي، أما الأخرى فأنه يجب التفرقة بين الظروف السياسية المؤقتة أو الطارئة التي تفرض على بلد ما في فترة معينة وبين النظرية السياسية التي تسير عليها ويلتزم بها.

وكما أشرنا أن هناك دول تتمركز السلطة فيها مركزيا، وتقوم فلسفة الحكم فيها على استخدام وسائل القوة لتتمكن من السيطرة والتحكم. ومهما كانت فلسفة هذا الحكم ومهما كان منطقه فإن هناك اهتماما واضحا بالتنمية البشرية لأنها السبيل الناجح للحصول على القوى البشرية اللازمة لها للسيطرة والتحكم ولتحقيق الأهداف والغايات في الداخل والخارج كما إنها تشرف على الإدارة التربوية وتسيطر عليها بحزم لتحقيق أهدافها.

وهناك دول تنبع السلطة فيها من الشعب، والحكومة فيها لا تتخذ أي قرار إلا إذا وافق عليه الشعب عن طريق ممثليه، وإن مثل هذه الدول تلتزم بالديمقراطية بمعناها الواضح، وتقوم فلسفتها على أساس الاهتمام بالفرد لأنه أساس المجتمع ولذلك فإن رفاهية الفرد هي هدف التنظيم السياسي، وتهتم هذه الدول هي الأخرى بالتنمية البشرية لأن ذلك هوسبيلها إلى الوصول نحوالأساس السليم للتقدم الذي تنشده، وهذه الدول في اهتمامها بالتنمية البشرية لا تلقي العبء على الدولة بالضرورة كما لا تقف منها موقفا سلبيا تاركة الأمر للآخرين، بل هي تتخذ الموقف الذي تراه مناسبا لها ولأبنائها ومتفقا مع ظروفها التاريخية وتراثها الثقافي، ومتواصلة بالمنهج الإداري التربوي عند الحاجة إلى ذلك.

4 ـ العوامل الدينية:

للعوامل الدينية أثر كبير في تشكيل الإدارة التربوية وتوجيهها نحوالمركزية أو اللامركزية أو نحوأمر معين يجمع بين هذين النمطين، كما أن لها أثرا في توجيه نشاط هذه الإدارة التربوية.

ففي المجتمعات القديمة كانت الإدارة التربوية إدارة مركزية يتركز بها الإشراف على شئون التربية في يد الكهنة ورجال الدين، كما كان الحال في الهند القديمة ومصر القديمة، كذلك كانت إدارة التربية مركزية محتكرة في يد الكنيسة ورجال الدين المسيحي في أو ربا

طوال القرون الوسطى من أو اخر القرن السادس الميلادي تقريبا، حتى نهاية القرن السادس عشر، ثم بدأت تتنوع وتختلف من بلد أو ربي إلى آخر بعد الإصلاح الديني في الغرب.

أما في الشرق الإسلامي فقد بدأت هذه الإدارة لا مركزية ثم انتهت إلى لون آخر فيه أن المشاركة بين الأفراد والهيئات المحلية من جانب وبين الدولة من جانب آخر، وكانت هذه المشاركة بين الأفراد والهيئات المحلية وبين الدولة، وفيها أن كل فرد فيها مسئول عن نفسه وعن مجتمعه، وأن المجتمع كله مسئول عن نفسه وعن كل فرد من أفراده (حسان والعجمي، 2007، 142).

5ـ العوامل السكانية:

نتيجة للتزايد السكاني تواجه الإدارة التربوية الكثير من المشكلات مثل مشكلة التوسع في إنشاء المدارس اللازمة لاستيعاب الأعداد المتزايدة من السكان، وما يستلزم ذلك من توفير المعلمين والمعدات والأثاث والبرامج التعليمية والكتب الدراسية.

وتزداد هذه المشكلات ضخامة باستمرار بسبب الرعاية للسكان وما ينجم عنه من تحسن المستويات الصحية وانخفاض معدلات الوفاة من ناحية وزيادة معدلات الميلاد من ناحية أخرى، والتحسن الملحوظ في مستويات المعيشة وما يترتب عليه من زيادة طموح الآباء في تعليم أبنائهم وما ينجم عنه من زيادة الطلب الاجتماعي على التعليم بزيادة أعداد التلاميذ من ناحية وزيادة مدة بقائهم في المدرسة من ناحية أخرى، كذلك يفرض التركيب السكاني ووضع المرأة في نطاقه ومدى تركز السكان وانتشارهم العديد من المشكلات التعليمية.

إن عدم تجانس السكان ووجود أقليات أو مجموعات أو وطوائف دينية يفرض مشكلات خاصة على الإدارة التربوية فالأقليات التي لها مشكلاتها اللغوية نظرا لأنها تتحدث لغة مخالفة لبقية السكان وما يرتبط بهذه اللغة من مشكلات ثقافية وتربوية ويمثل ذلك مثلا في بعض الدول منها الهند وكندا وسويسرا وبلجيكا والعراق وغيرها.. والمبدأ الذي تتبعه النظم التعليمية في هذه الدول هو ثنائية اللغة لتخفيف الوحدة الوطنية.

وهناك الأقليات العنصرية التي لها مشكلات تتلف بانتمائها إلى سلالة مخالفة مثل الزنوج في الولايات المتحدة وما يرتبط لهم من مشكلات قبولهم فإلى سلالة مخالفة مثل الزنوج في الولايات المتحدة وما يرتبط لهم من مشكلات قبولهم في معارك البيض من الأمريكيين أو ترخيص مدارس منفصلة لكل من السود والبيض وما يترتب على ذلك من مشكلات تعليمية وتربوية (حسان والعجمي، 2007، 144).

6 ـ العوامل الطبيعية والجغرافية:

إن للعوامل الطبيعية والجغرافية أثر كبير على الإدارة التربوية فالأبنية المدرسية وقيود السن المتعلقة بنظام أللإلزام والحضور الإجباري وغيرها تتحدد في الغالب بالعوامل الطبيعية والجغرافية للدولة وبالتالي تفرضها على الإدارة التربوية.

ويقسم هانز البلاد المعاصرة من حيث الظروف الطبيعية والجغرافية إلى ثلاث مجموعات أولها مجموعة البلاد الشمالية وثانيهما مجموعة بلاد حوض البحر الأبيض المعتدلة الجووثالثها: مجموعة البلاد الاستوائية الحارة ففي البلاد الشمالية الباردة مثل الدنمرك وفلندا والنرويج والسويد يبدأ سن الحضور الإلزامي إلى المدارس متأخر سنة أو سنتين عن البلاد الأخرى. وذلك لأن برودة الجوالشديدة لا تجعل من المناسب التحاق الأطفال بالمدارس دون السابعة وعلى العكس من ذلك تسمح الأجواء المعتدلة في مثل جوحوض البحر المتوسط بإلحاق الأطفال بالمدارس في سن مبكر قد تبدأ في الثالثة كما يحدث في فرنسا واليونان وإيطاليا وأسبانيا ومع ذلك أن الإدارة التربوية في البلاد المعتدلة الجووكذلك في البلاد الحارة تجد نفسها ملزمة بتوفير المدارس للأطفال دون سن السابعة مما يزيد الأعباء المالية الملقاة عليها وفي الأعباء الإدارية أيضا في حين أنها من البلاد الباردة غير ملتزمة ماليا وإداريا بهذا لعبء.

ومن ناحية أخري فإن المباني المدرسية لابد أن تكون أنماطها مناسبة للظروف الاجتماعية لكل بلد فبناء المدارس المكشوفة في البلاد الشمالية الباردة غير مناسب نظرا لشتائها القارص وعواصفها الثلجية العنيفة بينما نجد هذا النوع من المدارس هوالسائد في كثير من البلاد الحارة.

يضاف إلى ذلك أن المباني المدرسية في البلاد الشمالية الباردة تكون بحاجة إلى أجهزة للتدفئة وفي البلاد الحارة تكون هذه المباني بحاجة إلى أجهزة للتبريد وفي هاتين الحالتين فإن ذلك يمثل عبئا زائدا ملقى على إدارات التعليم من النوعين من البلاد سواء من حيث النفقات التي تتطلبها تلك الأجهزة، أو من حيث صيانتها في الوقت الذي لا تجد إدارات التعليم إدارات التعليم في البلاد المعتدلة الجو نفسها ملزمة بالقيام به وفي أستراليا أدت العوامل الطبيعية والجغرافية إلى أن تقوم الإدارة التربوية على النظام المركزي وإلى وجود نظامين للتعليم:

أ ــ نظام عادي يشبه النظم التعليمية الأخرى والمعروفة وهوخاص بالمناطق العمرانية والميدانية.

ب ــ نظام خاص بالمناطق النائية والريفية يقتصر في مداه ودراسته على سن الخامسة عشرة وتقوم الدراسة فيه على أساس وحدات من المدارس الصغيرة تضم أعدادا صغيرة من التلاميذ تصل في إعادة إلى ما يعادل سعة فصل واحد في المدارس العادية.

أما في بريطانيا حيث أن المناخ يتميز بكثرة الأمطار وبصورة مستمرة مع شدة البرد فقد أدى ذلك إلى ضرورة الاهتمام عند بناء المدارس بتوفير ساحات وملاعب للرياضة مقفولة داخل بناء المدارس ذاته والاهتمام بألوان النشاط التي تتم داخل الأبنية المقفولة بصفة عامة (حسان والعجمي، 2007، 144، 145)

الفصل الثالث

أخلاقيات الإدارة التربوية

يحتوي الفصل على:

- أخلاقيات مهنة الإدارة التربوية

- مصادر الأخلاقيات

- المداخل الأخلاقية في الإدارة التربوية

- القواعد الأخلاقية في الإدارة التربوية

- النظريات الأخلاقية في الإدارة

- المشكلات الأساسية في أخلاقيات الإدارة:

- اختلاط المفاهيم

- الصعوبات المرتبطة بالتفاوت بين أخلاقيات الإدارة

- الصعوبة المرتبطة بعلاقة أخلاقيات الإدارة بالكفاءة الإدارية

- المشكلة المتعلقة بالصراع الأخلاقي

- الصعوبة المتعلقة بالطبيعة الشائكة للقسم الأكبر من الخيارات الأخلاقية

- الصعوبة الخاصة بضعف الحس الأخلاقي للمديرين

- الصعوبة المرتبطة باختلاف الأخلاقيات جراء اختلاف الثقافات والبيئات

- العوامل التي يجب إتباعها لنجاح تطبيق الإدارة

79

أخلاقيات الإدارة التربوية:

الأخلاق (Ethics)هي مجموعة من المبادئ والمعايير التي تحكم السلوك الإنساني للأفراد والجماعات (حسان والعجمي، 2007، 208).

أما أخلاقيات الإدارة فهي نظام مكون من مجموعة من القواعد والأسس والقيم المستمدة من الدين والبيئة الاجتماعية والتي تكون مطلوبة في سلوك العاملين في العمل الإداري، وتتعلق بالتمييز بين ما هوصحيح وما هوخطأ وما هومرغوب وما هوغير مرغوب، بهدف تحقيق المصلحة العامة. فهي تمثل خطوطاً توجيهية للمديرين في صنع القرار، وإن أهميتها تزداد بالتناسب مع آثار ونتائج القرار.

ولكي تتكامل الجوانب الأخلاقية مع عملية اتخاذ القرار توجب مراعاة ما يأتي:

1ـ مراعاة الجانب الأخلاقي عند تحديد المشكلة، حتى وإن كان المدير نفسه طرفا في المشكلة.

2- عند القيام بالتشخيص والتحليل اللازم لبلورة المشكلة يجب أن يتم جمع المعلومات اللازمة عن ميثاق الشرف الأخلاقي في المنظمة والممارسات الأخلاقية في المنظمات المشابهة والمعايير الأخلاقية للمنظمات في المجتمع عموما.

3- تقدير الآثار الأخلاقية المرتبطة بكل بديل من بدائل حل المشكلة.

4- اعتبار الجوانب الأخلاقية ضمن معايير اختيار البديل الأفضل لحل المشكلة.

5- مراعاة الجانب الأخلاقي عند وضع القرار موضع التنفيذ. وهنا تتم مناقشة بعض الأمور مثل: هل تم وضع الضوابط الكافية لضمان المحافظة على الجوانب الأخلاقية التي نوقشت في المراحل السابقة عند تنفيذ القرار.

6- مراجعة القرار على ضوء ميثاق الشرف الأخلاقي الذي سنته المنظمة أو المؤسسة.

لقد أخذ الاهتمام بأخلاقيات الإدارة يتزايد بشكل متسرع وواضح، فاليوم تتردد مصطلحات كثيرة مثل قواعد وآداب المهنة ، وأخلاقيات الوظيفة، وتتسابق المؤسسات

لإصدار مدونات أخلاقياتها الإدارية .فبعد أن كانت الكفاءة هي مركز الاهتمام الوحيد، والربح هوالهدف الأساسي والمسؤولية الوحيدة للأعمال، أصبحت الأخلاقيات تحظى بالاهتمام، وتعاد صياغة الأهداف والسياسات بطريقة تبرز المسؤولية الأخلاقية لتلك المؤسسات.

ويبدو أن هذا الاهتمام أخذ يتسع ليغطي المجالات المختلفة. وعند الرجوع إلى الجانب الأكاديمي نجد أن الدراسات والكتب التي تم تأليفها في هذا المجال لم تكن كافية، وتعتبر فترة السبعينيات بداية الاهتمام الفعلي بالأخلاقيات في العمل كنتيجة لظهور العديد من القضايا المتعلقة بالرشوة واستغلال النفوذ وغيرها. وفي مقابل ذلك نجد أن ديننا الإسلامي منذ ظهوره يحث على الالتزام بأخلاقيات العمل والمحافظة عليها، والثناء على الأخلاق الحميدة، وذم الأخلاق غير الحميدة.

تمثل الأخلاقيات مجموعة القيم والمعايير التي يعتمدها أفراد المجتمع في التمييز بين ما هوجيد أو ما هوسيئ، بين ما هوصواب وما هوخاطئ. فهي مفهوم الصواب والخطأ في السلوك. والأخلاقيات تقدم دليلا من خلال معاييرها وقيمها على الأنشطة الأخلاقية وغي الأخلاقية، على ما هومقبول أو غير مقبول اجتماعيا. ولا شك في أن الأخلاقيات في كل مجتمع هي نتاج تطور تاريخي طويل لهذا فهي ضرورية في تكوين المجتمع وفي المحافظة والاستقرار على حياته الاجتماعية.

إن المواقف التي يتوزع فيها الناس في تفكيرهم في الأخلاق تتمثل بما يأتي:

1ـ الموقف التقليدي: وفيه أن الأخلاق هي معاملة الآخرين معاملة حسنة والسلوك بينهم سلوكا محمودا لاكتساب القبول عندهم ومن ثم التكيف لهم والانسجام مع ما يأخذون به من القيم الاجتماعية والمفاهيم الحياتية.

2 ـ الموقف الوصفي: وفيه أن الأخلاق هي ما يتصف به الإنسان من خصال حميدة أو غير

حميدة.

3ـ التفسير الاجتماعي وفيه أن الأخلاق هي اتفاقات اجتماعية، وهي بحكم هذه الطبيعة الاجتماعية نسبية وغير ثابتة.

4ـ الموقف التحليلي: ويقوم على تلمس معنى الأخلاق من خلال التمييز بين الأخلاقي وغير الأخلاقي، وللآأخلاقي، وربطه بحرية الاختيار معيارا لأخلاقية الفعل الإنساني.

5ـ الموقف الديني وينظر إلى الأخلاق على أنها التزام بتعاليم الدين والأحكام المنزلة (رضا، 1984، 167).

مصادر الأخلاقيات:

توجد أربعة مصادر للأخلاقيات والتي قد تنعكس على السلوك الإداري وهي:

1ـ المصدر الديني: ويشمل ما ذكرته جميع الشرائع السماوية بصدد الأخلاق، ودعت إلى ضرورة التمسك بها، ولهذا السبب تعد تلك الشرائع مصدراً لأصول الأخلاق.

2ـ البيئة الاجتماعية: ويشمل ما يمتلكه المجتمع من قيم دينية واجتماعية، والتي تنعكس في سلوك أفراده . وهنا لابد من إبراز أهمية البيئة الاجتماعية ودورها في تشكيل التصرفات والممارسات الإدارية. ومن مصادر البيئة الاجتماعية المؤثرة على أخلاقيات الإدارة هي: الأسرة، والثقافة الاجتماعية، ومؤسسات التعليم، والجماعات المرجعية.

3ـ التشريعات القانونية: والمقصود بها دستور الدولة وجميع القوانين المنبثقة عنه كنظام الخدمة المدنية والتي تضبط أخلاقيات العمل الإداري سواء الحكومي أو الخاص.

4ـ المدونة الأخلاقية: وهي عبارة عن وثيقة تصدرها المؤسسة، تتضمن مجموعة من القيم والمبادئ ذات العلاقة، وتوضح ما هومرغوب فيه من ممارسات، وما هوغير مرغوب فيه.

وعليه يمكن تحديد مصادر الأخلاقيات في كل مجتمع من خلال ما يأتي:

ـ تاريخ المجتمع وخبراته وتقاليده.

ـ الثقافة الوطنية.

ـ القبيلة والعشيرة والعائلة.

ـ النظراء والجماعات المرجعية.

ـ قادة الرأي والأدوار النموذجية.

ـ خبرة العملية التعليمية (Donaldson، 1996)، (p 330).

إن أخلاقيات الإدارة هي مجموعة من المعايير والمبادئ التي تهيمن على السلوك الإداري والمتعلقة بما هوصحيح أو خطأ. وإن أخلاقيات الإدارة تمثل خطوطا توجيهية للمديرين في صنع القرار وإن أهميتها تزداد بالتناسب مع آثار ونتائج القرار، فكلما كان نشاط المدير أكثر تأثيرا في الآخرين كلما ازدادت أهمية أخلاقيات ذلك المدير(Ivancevich، et al، 1989، p560).

المداخل الأخلاقية في الإدارة التربوية:

1 ـ السمات الأخلاقية:

ينادي أصحاب السمات الأخلاقية بالإدارة إلى امتلاك المدير خصائص وسمات أخلاقية عالية تميزه عن غيره من المديرين، حيث أن جذور هذا البعد أي البعد ألسماتي يكمن قي شخصيته المتميزة أو سماته الموجهة نحوالأخلاق. ولذلك يحظى هذا لبعد بأهمية خاصة في عملية اختيار المديرين، ولكن الذي يمكن الإشارة إليه إلى أنه لحد الآن لا يمكن بلورة السمات الأخلاقية الأساسية التي تمثله. فمن المعلوم أن مثل هذه السمات كثيرة، فالمديرون الأخلاقيون يتسمون إلى جانب ما ذكر بأنهم أخلاقيو الاتجاه في قراراتهم المختلفة،

ويمتلكون قدرة عالية على التصرف الأخلاقي في المشكلات المحيرة.. الخ، لذا فان معرفة ذلك يكاد يكون في غاية الصعوبة، بالإضافة إلى ذلك لا يوجد اتفاق على عدد وتسمية هذه السمات كسمات أساسية في اختيار وتكوين المديرين (نجم، 2011، 317).

2 ــ المعايير الأخلاقية:

وفي هذا تكون المعايير الأخلاقية مشتركة بين سمات الأشخاص المتميزين أخلاقيا، والمعايير الأخلاقية الضرورية بين الناس وما يجلونه. لذا فإن الغاية الأساسية لهذا البعد هي التوصل إلى مجموعة محددة من المعايير (القيم المشتركة)التي بقدر ما تستجيب لما يحترمه الناس فإنها ترتقي بالمستوى الأخلاقي للعمل الإداري (نجم، 2011، 318).

ومن الملاحظ أن هذا البعد لازال يتطور على أساس المزيد من التخصص، حيث أخذت كل مهنة تصنع لنفسها مجموعة من القواعد والقيم الأخلاقية التوجيهية لأعضائها، وكل مؤسسة تصنع لها مدونة أخلاقية خاصة بقيم المؤسسة أو المنظمة.

3 ــ الالتزام بالمبدأ الرسمي:

ويقوم على المساعدة على تحقيق الاعتدال والتوازن بين طرفي المصلحة في كل قرار أو تصرف للمدير. فالطرف الأول في المصلحة هوالأنانية: أي تحقيق أقصى المصالح الشخصية من قبل الإدارة بما يحقق أسبقية الرفاهة الشخصية للمدير، والطرف الثاني هو الإيثار أو الغيرية أي حب الغير أي تحقيق أقصى سعادة لأكبر عدد، ولأن كلا الطرفين يمثلان حالة التطرف لذا فإن المبدأ الرسمي الأكثر قبولا هوتحقيق مصلحة الاثنين عند نقطة التوازن بينهما (نجم، 2011، 319).

القواعد الأخلاقية لمهنة الإدارة التربوية:

إن الأخلاق تعني الفضيلة أي الصفات المهمة ومنها الصدق والأمانة والعدالة. وفي الاصطلاح تشير كلمة الخُلق إلى علم معياري يتناول مجموع القواعد والمبادئ التي يخضع لها الإنسان في تصرفاته، ويحتكم إليها في تقييم سلوكه، وهذه القواعد والمبادئ مستمدة من

تصور شامل يرتكز إما على العقل أو على الدين أو على كليهما.

إن النظام التربوي هونظام إنساني في أغلب مكوناته، ويحتل العاملون فيه بقيمة اعتبارية واجتماعية مميزة، لذا فإن البعد الأخلاقي للقائمين عليه ولمختلف العاملين فيه أهمية خاصة، حيث أنهم في هذا النظام يواجهون يوميا مواقف متكررة تختبر من خلالهم خصالهم الأخلاقية وتوضع على المحك، وكلما ارتفعت مكانة الإداري في السلم الهرمي للنظام كلما ازدادت، حساسية مزاياه وخصاله الخلقية أهمية، وهذا لا يعني أن أخلاقيات مستويات النظام القاعدية أو الإجرائية غير مهمة، ولكن المقصود هنا هوأن تفشي الفساد والتدهور الأخلاقي في مستويات إدارات النظام العليا، يشكل خطرا كبيرا لما لذلك من مردود سلبي في إفساد النظام وتعفنه بأكمله)الطويل، 2001، 71).

تعتبر الأخلاق الفاضلة مادة بناء المؤسسات وأساس تقدمها ورمز ثقافتها وحضارتها. وهي ما استحسنته الفطرة السليمة، واتفقت عليه جميع الأعراف البشرية والرسالات السماوية حتى ختمت بأكملها أساساً لحسن الخلق، وهي رسالة الإسلام الخالدة على يد أكمل الناس خلقاً وخلقاً المصطفى صلى الـله عليه وسلم .فإذا كانت العبادات في الإسلام لتزكية الجانب الروحي في الإنسان، فالأخلاق هي السياج الحصين لتنمية الجانب المادي فيه، واللازم لتعامله مع البيئة من حوله. وبهذا المنهج فإن الإنسان قادر على قيادة مؤسساته المختلفة على هدىً من الحق والعدل والخير.

إن أهمية البعد الأخلاقي للإداري التربوي تشكل محورا أساسيا يستحق العناية به عند استقطاب إداري المستقبل وتربيتهم، فمن المفروض أن يتم التأكد من تمتع إداري المستقبل بمفاهيم أخلاقية صحيحة، وأن تنمي فيهم روح الالتزام بالسلوك الأخلاقي (حامد، 2009، 53).

وتوجد عشرة أبعاد أخلاقية لها دورها ودلالاتها في سلوك الإداري التربوي وهي:

1- يجعل من رفاه التلاميذ ومصالحهم محورا أساسيا لكل قراراته وأفعاله.

2- ينجز مسؤولياته المهنية بكل أمانة وصدق وإخلاص.

3ـ يدعم ويحمي الحقوق المدنية والإنسانية لكل الأفراد.

4ـ يحترم ويطيع الدستور والقوانين والأنظمة المعمول بها في مجتمعه.

5ـ يطبق السياسات التربوية المرسومة ويراعي قوانين وأنظمة وتعليمات نظامها التربوي.

6ـ يسلك سبلا ملائمة ومناسبة لتطوير وتصحيح القوانين والسياسات التربوية.

7- يتجنب استغلال مركزه أو مراكزه لمكسب أو مصلحة شخصية سواء أكان ذلك في مجالات سياسية أو اجتماعية أو اقتصادية أو أي مجالات أخرى.

8ـ يسعى للحصول على درجات أكاديمية أو تأهيل مهني وأن يكون ذلك من مؤسسات معترف بها.

9- حافظ على مستوى المهنة ويسعى إلى تحسين فعاليتها من خلال البحث واستمرارية النمو المهني.

10- يحترم جميع العقود والاتفاقيات السارية، ويلتزم بكل ما يتم التوصل إليه بشأنه.   (الطويل، 1986، 72 ـ 73)، (نبراي، 1993، 25، 26).

وفي كل الأحوال ومهما كانت القواعد والمعايير الأخلاقية التي يمكن أن يطورها المتخصصون العاملون في مهنة الإدارة التربوية، فلا بد وأن تأتي متأثرة بالإطار الأيديولوجي والفكري والمستوى الحضاري الذي نعيشه. وإن الإداريين التربويين لم يأتوا من فراغ، وهم أيضا يعملون في مؤسسات لها أبعادها وجذورها الاجتماعية فالالتزام بهذه القواعد الأخلاقية، أو بأي قواعد أخلاقية أخرى، يتطلب الالتزام بأيديولوجية أو عقيدة معينة لها موقف محدد من الإنسان والكون والحياة (حامد، 2009، 54).

إن أخلاق المجتمع تمثل أساسا قويا لأخلاقيات الإدارة لأنها خلفية مسبقة في تكوين أفراد المجتمع الذين يأتي منهم المديرون ومصدرا مهما في تكوين أخلاقيات الإدارة، لأن الإدارة لا تعمل في فراغ وإنما في بيئة حية ومتفاعلة، وعليه لابد من أخذ قيم هذه البيئة

ومحدداتها الأخلاقية بنظر الاعتبار في قرارات الإدارة وعملياتها المختلفة لضمان قدر مناسب من تعاطف وتعاون الجمهور معها (نجم، 2011، 309).

كما وللذات أهمية كبيرة في أخلاقيات الإدارة فكلما كانت متشبعة بالأخلاق يكون العمل نافعاً، وبقدر شفافيتها في التعامل يجيء العمل صادقاً، وبقدر الحضور المبدع للذات تكون الصنعة بديعة والعمل متقناً، فجودة العمل من العامل، وإبداع الصنعة من الصانع. فإدارة الذات هي الامتحان الأصعب، لأن النجاح في إدارة الذات هي كلمة السر ومفتاح النجاح لأي إدارة. فالسيطرة على النفس وإدارتها والتحكم فيها وفقاً لفكر متعقل، يجعل من الإنسان شخصية قيادية قوية مؤهلة لإدارة الذات وغيرها.

إن المطلوب منا اليوم أن ندعم وبإيجابية عالية كل التوجهات التي تدعوا إلى أن تسود أجواء العمل القيم والقواعد الأخلاقية النبيلة وخاصة في مجال التربية والتعليم وكل المجالات الأخرى، لأن العمل وميدانه عندما يرسى على أساس قيمي وأخلاقي وهناك دستور على وفق هذا الاتجاه يحكمه ويصار إلى تنفيذه من قبل الجميع وبموافيتهم الجماعية وبحرية عاليه، فانه بالتأكيد سيكون حافزا كبيرا لكل العاملين ولكل الإداريين والمديرين وأن يبعث فيهم البهجة والسرور والدافعية العالية لأداء العمل دون حقد أو كراهية.

النظريات الأخلاقية في الإدارة:

تعد النظريات الأخلاقية أساسا لتفسير وفهم الجوانب الأخلاقية المختلفة في التصرف الإنساني ويشير فولمير إلى وجود أربع نظريات لأخلاقيات الإدارة وهي كما يأتي:

1ـ النظرية التجريبية: وتقوم على أن الأخلاق تشتق من التجربة الإنسانية وإن ما هوأخلاقي أو ما هوغير أخلاقي يعتمد به من خلال الاتفاق العام، وهذا ما لا يتحقق إلا بالتجربة أو لا وإن ما يحدد ويقاس من عوامل هذه التجربة يحقق الوصول إلى ذلك الاتفاق ثانيا.

2ـ النظرية العقلانية: ومفاد هذه النظرية أن العقل يمتلك القدرة على أن يحدد ما

هو جيد وما هوسيء، وإن هذه التحديدات المنطقية هي أكثر استقلالا عن التجربة وفي النهاية يمكن حل المشكلات الأخلاقية عن طريق ما هوعقلاني وأن التأثيرات الذاتية والشخصية هي التي تحد من ذلك.

3ـ نظرية الحدس: وترى أن الأخلاق لا تشتق بالضرورة من التجربة أو المنطق بل من خلال ما يمتلك الأفراد بشكل فطري وتلقائي من حدس كقدرة ذاتية على التمييز لما هوصحيح عما هوخاطئ. سوء التصرف الأخلاقي يعود إلى البيئة السيئة، والتجربة الناقصة وغير السليمة، وعوامل التنشئة غير الملائمة.

4ـ نظرية الوحي: وترى أن تحديد الصواب والخطأ أعلى من الإنسان وأن الله سبحانه وتعالى يخبر الإنسان بالمبادئ التي تساعده على تحديد ما هوصحيح وما هوخطأ، وهذا ما فعلته الأديان السماوية (1978, p43 Fulmer,).

والواقع أن المديرين في تصرفاتهم وقراراتهم الإدارية يتأثرون بهذه النظريات، ويتأثرون أيضا ببيئة العمل التي يعملون فيها، كما أن المنظور المتباين الذي تقدمه كل نظرية من هذه النظريات في التعبير عن الحقيقة الأخلاقية يخلق أحيانا صعوبات إضافية في تحديد الخيار الأخلاقي الملائم مما يجعل الحاجة ضرورية لتكامل النظرية في رؤية متكاملة تسهم في زيادة الوضوح لما هوأخلاقي وما هولا أخلاقي في الإدارة (نجم، 2011، 314).

المشكلات الأساسية في أخلاقيات الإدارة:

إن المشكلات والصعوبات الأساسية التي تواجه أخلاقيات الإدارة تتمثل بما يأتي:

1ـ اختلاط المفاهيم:

وينطلق من حقيقة أن البيئة ذات تأثير شديد على الأفراد لذا فإن بيئة المؤسسة أو المنظمة التي هي بدورها تتأثر ببيئة الأعمال السائدة في مكونات المجتمع قوية التأثير على الإدارة وقراراتها وعملياتها الإدارية. فعندما تكون البيئة فاسدة أو محفزة على التصرف الغير أخلاقي، فإن الأفراد حتى من تكون لديه النية الحسنة، فإنهم قد يرتكبوا مثل هذه التصرفات

أحيانا دون أن يدركوا ذلك. فكما يقول أحد حكماء الهند: أن السمكة الموجودة في الماء لا يمكن السؤال حول إن كانت تشرب أم لا تشرب.

ومن جانب آخر فإن أخلاقيات الإدارة تختلط مع قواعد وآداب المهنة، والواقع أنه في المهن التقليدية كالطب والقانون والتربية والهندسة وتمثل هذه القواعد والآداب أحد مقومات المهنة التي يجب الالتزام بها، فمن الممكن أن تكون سببا في حرمانهم من ممارسة المهنة. ولكن قواعد وآداب الإدارة قد لا يكون لها أي معنى على الأقل في الوقت لأنها لازالت وظيفة أكثر منها مهنة بالمعنى الأخلاقي وبشكل خاص في أقطارنا العربية، حيث أن الإدارة لازالت تمثل اختصاص من لا اختصاص له.

2ـ الصعوبات المرتبطة بالتفاوت بين أخلاقيات الإدارة:

إن أخلاقيات الإدارة عادة ما تشير إلى تطلعاتنا أي إلى ما ينبغي أن يكون عليه المديرون من الناحية الأخلاقية لهذا فهي تبدووكأنها تتجه نحوسمات المدير الأكثر مثالية. في حين أن العبرة الحقيقية في هذا المجال بسلوك المديرين كما هوقائم فعلا. فكما أن العبرة ليست في القرارات وإنما فيما ينفذ منها فعلا، فكذلك الحال في أن العبرة ليست فيما تصدر المؤسسات من لوائح جميلة ووردية من القيم الأخلاقية وما يصرح به المديرون من التزام أخلاقي عال بمصالح الأطراف الأخرى التي تتعامل معها مؤسستهم، وإنما العبرة فيما يتجسد من ذلك كله في السلوك الفعلي والممارسة العملية (نجم، 2011، 323).

3ـ الصعوبة المرتبطة بعلاقة أخلاقيات الإدارة بالكفاءة الإدارية:

فالأولى تبدو وكأنها قيد على كفاءة. فإذا كانت الكفاءة تمثل مؤشرا جيدا على تعظيم الربح، فإن أخلاقيات الإدارة تبدو في أكثر الأحيان عملا غير مربح وتكلفة إضافية تحد من الميزة التنافسية للمؤسسة بالعلاقة مع المنافسين الآخرين. ولابد من التأكيد على أن ثمة تأريخا طويلا من الاهتمام بالكفاءة دون أن يقابل ذلك اهتمام جدي بأخلاقيات الإدارة. وفي التراث الإداري الحديث ليس هناك اسم واحد كبير يمكن أن نعزو إليه اهتماما جديا بأخلاقيات الإدارة رغم أنه يوجد لدينا الكثير من الأسماء اللامعة ساهمت بتطوير الإدارة

علما وتطبيقا من أجل كفاءة أعلى.

إن التطور لا زال محدودا في تجربة أخلاقيات الإدارة في المؤسسات مع ما تمثله هذه التجربة من مواقف أخلاقية تعزز الثقة من جهة وما ينجم عن التصرفات اللاأخلاقية من نتائج سلبية على المؤسسات والشركات بسبب دعوات القضاء والغرامات المالية والوسائل المقيدة بالقانون. وهذا كله أخذ يفرض منظورا جديدا لا زال يتطور ويرتبط بالوعي بأسس مهمة تتعمق باستمرار وفي المقدمة منها:

أ ـ إن التصرف اللاأخلاقي يمكن أن يكون مكلفا بشكل لا يمكن تبريره.

ب- يواجه التصرف الاأخلاقي على الأغلب بالثأر والانتقام.

ج ـ إن المنظور الحديث خلافا للتفكير التقليدي والمنظور القديم أصبح أكثر تقبلا لمبدأ أن الأخلاق يمكن أن يكون لها عائد مكافئ أو يفوق ما ينفق عليها في التصرفات الأخلاقية، إن لم يكن ذلك في المدى القصير فإن ذلك سيكون في المدى الطويل.

د ـ إن المنظور الحديث أخذ يقرن تجاهل أخلاقيات الإدارة بالمصلحة الذاتية الضيقة في حين أن مراعاتها تقترن بما يسمى بالمصلحة الذاتية المتنورة. والواقع أن هذا المفهوم بحاجة إلى الاهتمام والتطوير لأن البعض يرى أن الخيار هوإما أن يكون إيثارا أو مصلحة ذاتية وليس كلاهما. في حين أن المصلحة الذاتية المتنورة تسعى للجمع بين الاثنين.

4 ـ المشكلة المتعلقة بالصراع الأخلاقي:

إن تباين المواقف واضحا في الأعمال بين استهداف الكفاءة واستهداف الأخلاقيات إلا أنه ما ليس بمثل هذا هوالصراع الأخلاقي في اختلاف المصالح أو الخلفيات أو الأخلاقيات في موضوع ما فينجم عنه نوعا من التوتر، وقد يكون الصراع فيه خفيا، ويمكن أن يكون بناء عندما تنشط المواقف بوجود حلول أفضل، وقد يكون مدمرا عندما يعيق العمل ويمنع تحقيق الأهداف.

5 ـ الصعوبة المرتبطة بالطبيعة الشائكة للقسم الأكبر من الخيارات الأخلاقية:

من السهولة أن نوضح المسائل الأخلاقية كلها على أنها أخلاقي أو لأخلاقي، إلا أن الخيارات الأخلاقية للإدارة أعقد من ذلك بكثير في ظل التنوع الكبير لهذه الخيارات من جهة وتصارع مصالح وقيم الأفراد في المؤسسة أو المنظمة وتصارع المصالح للأطراف المختلفة من جهة أخرى. فإذا كانت الأمانة والامتثال للقانون والصدق مع الناس كلها مبادئ أخلاقية وفضائل واضحة وجلية، والرشوة والاختلاس والكذب على الناس رذائل لا أخلاقية لا غبار عليها، فإن بين الأثنين منطقة رمادية واسعة ومليئة بالحالات الغامضة التي لا يمكن الحكم بسهولة ويمكن للمديرين اللاأخلاقيين المناورة فيها دون أن تكون هناك فرصة كافية للحكم عليهم بأنهم لا أخلاقيون في موقفهم.

6 ـ الصعوبة الخاصة بضعف الحس الأخلاقي للمديرين:

وهذا يضعف استجاباتهم في قراراتهم المختلفة للقيم والمعايير الأخلاقية، فمثلا المديرون في عالم الأعمال لا يضعون على أجندة أعمالهم القيم الأخلاقية في حين أن آخرين يضعونها في مقدمات اهتماماتهم وأعمالهم كرجال الدين مثلا.

7 ـ الصعوبة المرتبطة باختلاف الأخلاقيات جراء اختلاف الثقافات والبيئات:

غالبا ما يكون المديرون من ثقافات مختلفة ذوي خلفيات متباينة وسلّم قيم متباين يؤثر على منظورهم الإداري للمشكلات وقراراتهم فيها، وفي هذا يعد هذا التباين مشكلة تواجه الإداري وتسهم في تلكئه في عمله. (نجم، 2011، 335).

العوامل التي يجب إتباعها لنجاح تطبيق أخلاقيات الإدارة:

لكي ينجح تطبيق أخلاقيات الإدارة في المنظمات والمؤسسات، ومنها المؤسسات التربوية يجب مراعاة ما يأتي:

1ـ وضع قوانين أو قواعد أخلاقية لسلوك العاملين في المؤسسة، بحيث يتم الالتزام بها داخل المؤسسة، حتى يتسنى للموظفين فهم أسس أخلاق العمل في المؤسسة ومن ثم محاولة تطبيقها

(المدونة الأخلاقية).

2ـ الاستعانة بالاستشارة الأخلاقية في المؤسسات الحكومية والخاصة، وينصب عمل المستشار على تطوير الموظفين "أخلاقيا" وكذلك التحقيق في شكأوى المستفيدين.

3ـ توفير دورات تدريبية للعاملين في المؤسسة أو خارجها ويكون هدفها توجيه وتعليم الموظفين تطوير أنفسهم أخلاقيا وكذلك محأو لة إحساس العاملين بالمسؤولية الملقاة على عاتقهم.

وكما يقال: إذا أردت أن تتخذ قراراً أخلاقياً فاسأل نفسك ثلاثة أسئلة قبل اتخاذه:

1 - هل هو قانوني؟.

2- هل هو متوازن؟.

3 - كيف سيجعلك تنظر إلى نفسك في المرآة؟. فالسؤال القانوني للنظر في المعايير المتوافرة. والسؤال عن التوازن للنظر في العدالة والعقلانية. والسؤال الأخير للنظر في العواطف والرضا عن النفس.

الفصل الرابع

الإدارة التربوية وإدارة الجودة الشاملة

يحتوي الفصل على:

- فلسفة ومفهوم إدارة الجودة الشاملة

- مفهوم الجودة في التعليم

- فوائد تطبيق مفاهيم الجودة

- المداخل الرئيسية للجودة في مجال التعليم

- مبادئ إدارة الجودة الشاملة

- عناصر إدارة الجودة الشاملة

- مؤشرات الجودة الشاملة في التعليم

- إدارة الجودة في القرن الحادي والعشرين

- أهمية إدارة الجودة الشاملة في الإدارة المدرسية والصفية

- مراحل تطبيق نظام إدارة الجودة الشاملة في المدارس

- التخطيط الإستراتيجي

- تشكيل مجلس الإدارة

- تعريف مفهوم الجودة وإشاعة ثقافتها

- الممارسة العملية والتدريبية

- التطبيق والتوثيق

- المعوقات التي تواجه تطبيق مبادئ إدارة الجودة الشاملة في التربية والتعليم.

- متطلبات تطبيق إدارة الجودة الشاملة في الإدارة المدرسية والصفية

- الاهتمام بمفاهيم إدارة الجودة الشاملة المرتبطة بتحسين التعليم

- تهيئة بيئة جديدة لعملية التعليم والتعلم

- مواصفات إدارة الجودة الشاملة المتعلقة بالمعلم

- اكتساب دعم قادة المجتمع

- أهمية تنفيذ مبادئ إدارة الجودة الشاملة لديمنج

- استخدام نظام التحويل

- الاهتمام بنموالطلاب

- التحسين المستمر

- مسؤولية الإدارة العليا في نجاح إدارة الجودة الشاملة

- الاهتمام بالمنهج التعليمي

- الاهتمام بنموذج كروسبي

- الاهتمام بنموذج هوشن لإدارة الجودة الشاملة

فلسفة ومفهوم إدارة الجودة الشاملة:

يعود الاهتمام بالجودة عند عملية التخطيط إلى: وليام إدوارد ديمنج (W. Edwards Deming) وجوزيف. م. جوران (Joseph. M. Juran) وفيليب. ب. كروسي (Philip. B. Crosy) من خلال نظريات فردية تدور حول الإدارة التشاركية (Participatory Management) والتي تتضمن المدخلات، وحل مشكلات، واتخاذ قرار، من قبل كل أعضاء المنظمة ومستفيديها، والتي يمكن إيجازها بما يأتي:

1ـ يعزز ديمنج (Deming) دور الإدارة من خلال إزالة الموانع الخاصة بعمل الجودة العالية واتخاذ القرار لتحسين العملية، وتحسين الإنتاج.

2ـ يرى جوران (Juran) أن مشاكل الإدارة تتعلق بأخطاء العنصر البشري، ويعزز إدارة التدريب بمفاهيم الجودة، واستعمال دوائرها في تحسين الاتصال المستخدم عبر المستويات المختلفة مع التركيز على فهم حاجات المستفيد.

3ـ يؤيد كروسي (Crosby) على تجنب عدم نجاح العملية عن طريق وجود متطلبات لتوافق الجودة ومكتوب بشكل مشترك من قبل المدراء والعاملين، مع الاهتمام بحاجات العمل، وانعدام العيوب، ووضع المعايير لكلفة عدم المطابقة.

ورغم أن كل هذه النظريات ركزت على موضوع خاص، فإنها كلها أظهرت طريقا لنموذج كروسي الذي يقدم أربعة أعمدة لدعم عملية الجودة في المنظمات ومن بينها المدارس وهي:

1- إدارة مشاركة: حيث المفهوم الجديد للجودة يجب أن يكون مقدما ومدعوما بالإدارة.

2- إدارة جودة متخصصة، ومجالس جودة: تؤسس من خلال النظام، ولها دور حاسم في إدارة الجودة.

3- مشاركة المستخدم: يجب أن ينال المستخدمون تدريبا شاملا حول مفاهيم الجودة، حتى يبذلوا قصارى جهدهم لتحقيق هذا المفهوم.

4- التمييز: تقديم إمدادات، وتعزيز للجهود، وإنجازات المستخدم، التي يجب أن تخطط وتعرض المستويات المختلفة خلال المنظمة.

إن هذه الأعمدة يمكن أن تدعم عملية تحسين الجودة وتعكس فلسفة رضا المستفيد، كهدف أساسي وأو لي للمنظمة بالإضافة إلى الإشارة للمستفيدين الداخليين (عمال الأقسام الأخرى وأيضا المستفيدين الخارجيين وهم المستعملون النهائيين للإنتاج أو الخدمة).

وبالإضافة إلى ذلك يمكن تطبيق نموذج الأعمال المتفوقة، والذي يشتق عوامل النجاح لتطوير التعليم، وإدارته وإنجاز الأعمال المتميزة من خلال نموذج كانجي (Kanji's Model) الذي يعتمد على أربعة مبادئ وهي:

1- سعادة العميل (المستفيد)

2- الإدارة بالحقيقة.

3- الإدارة المعتمدة على الأفراد

4- التحسين المستمر (الزهيري، 2008، 39، 40).

ويمكن إجمال القول إن المرتكز الفلسفي الذي تقوم عليه عملية الجودة الشاملة هوتلبية الرضا وتوقعات المستفيدين من معلمين، وإداريين، وطلاب، وأو لياء أمور وغيرهم في المنظومة التعليمية، وبشكل مستمر، كما يمكن أن تنجز الجودة الشاملة بتكلفة منخفضة من خلال اشتراك كل الأشخاص في العملية الإدارية، والتحسينات المستمرة لكل من المستخدمين، والطلاب، والمشاركين، في العمل بشكل نشط.

وإذا ما أردنا التعرف على المفهوم المعاصر لإدارة الجودة الشاملة نجده يعود إلى ما بعد الحرب العالمية الثانية، حيث تعد أعمال (ديمنج)اللبنة الأساسية لمدخل إدارة الجودة الشاملة، ثم تلتها إنجازات وإسهامات عدد من الباحثين في هذا المجال مثل (جوران) و(ليشكاوا) وغيرهم آخرين (خليل، 2005، 327)، وقد أكد (ديمنج) بحسب نظريته إلى أن الجودة تعني إتقان السلعة أو الخدمة للمستهلك أو المستفيد (الجهني، 2004، 49).

وإن الجودة الشاملة ما هي إلا منظومة تربط بين أغلب قطاعات الدولة الواحدة، ويمكن تحديد مفهومها بأنها منظومة متكاملة من مختلف قطاعات الدولة بعلاقتها بشكل عام في شكل منظومي منهجي، وهكذا يتفرع كل قطاع من قطاعات الدولة إلى منظومة فرعية تتماسك فيما بينها بعلاقات قوية لمعالجة مجمل المشكلات التي تعاني منها الدولة ومن هذه القطاعات قطاع التربية والتعليم (الكبيسي، 2010، 120).

وهكذا صار المفهوم الشامل لإدارة الجودة الشاملة كمفهوم إداري كما عرفها (Rhodes) عام 1992 م بأنها (تلك العملية الإدارية المرتكزة على مجموعة من القيم والمبادئ والمعلومات التي يتم من خلالها توظيف مواهب العاملين واستثمار قدراتهم وتهيئتهم للتطوير بغية تحقيق التحسن المستمر لأهداف المنظمة).

وعرفها البعض بأنها (تخطيط وتنظيم وتنفيذ ومتابعة العملية التعليمية على وفق نظم محددة وموثقة تقود إلى تحقيق رسالة الجامعة في بناء الإنسان، عن طريق تقديم الخدمة التعليمية المتميزة وأنشطة بناء الشخصية المتوازنة (العطار، 2006، 83).

أما محمد عبد الله البكر فيرى أنها (منهج نظري وتطبيقي لعملية متكاملة ومتناسقة من مجموعة من القيم والوسائل والأساليب والخطوات الإجرائية المنظمة، والتي تهدف إلى ضمان استمرارية جودة المنتج أو الخدمة المقدمة، وذلك ما يطلق عليه نظام الجودة.

ويمكن تعريف إدارة الجودة الشاملة بأنها (عملية إدارية لدى المنظمة يمكن أن تطبق من خلال التخطيط طويل الأمد لخطط التحسين المستمر للجودة، تقود المنظمة نحوالإنجاز وبشكل تدريجي، من خلال تميز التراث التنظيمي، ورضا المستفيد، واستخدام التحسينات المستمرة لكل من المستخدمين والمشاركين بشكل نشط.

إن إدارة الجودة الشاملة تشكل مفهوما إداريا جديدا وفعالا لكل المؤسسات على المستوى العام والخاص، وقد أسهم هذا المفهوم في تحقيق أهداف الإدارة، حتى أصبحت محط أنظار كثير من المؤسسات والمنظمات التي ترغب في تحقيق أهدافها سواء كانت عامة ام خاصة (الحمالي، 2003 ، 7).

إن الاهتمام بإدارة الجودة الشاملة لا يعني هوالتخطيط لجعل المدارس منشآت تجارية، أو صناعية، تسعى إلى مضاعفة أرباحها عن طريق تحسين منتجاتها، وذلك لأن منتجات النظام التعليمي هي في الواقع مخرجات إنسانية لا تقدر بمال، ولا تباع أو تشترى، ولكن ما ينبغي أن نستفيد به من مدخل إدارة الجودة الشاملة في التعليم، هوتطوير أساليب الإدارة التربوية، تحقيقا لجودة هذا المخرج البشري، وسعيا إلى مضاعفة استفادة المستفيد الأو ل من كافة الجهود التعليمية، وهوالمجتمع بكل مؤسساته وجماعاته وأفراده، ومن بينهم طلاب مدارسه.

وفي كل الأحوال صار المطلوب من كافة النظم اليوم أن يكون العمل فيها وعلى كافة المؤسسات مبنيا على ثلاثة مبادئ أساسية:

1- تفويض السلطة.

2ـ التشاركية (المشاركة في توزيع المسؤولية).

3ـ المحاسبية (المساءلة) بأنواعها ومستوياتها المختلفة.

وإن العمل على تعميق هذه المبادئ هوالطريق الذي يؤدي إلى تحقيق اللامركزية، والإدارة الذاتية، وتوسيع قاعدة المشاركة والديمقراطية، وهذا ما يوضح مدى حاجة مؤسساتنا التعليمية إلى إدارة واعية ورشيدة تتفهم أثر المتغيرات العالمية والمحلية على أدائها، وتحسين العمليات داخل المدرسة، وإدارة التعليم من أجل إحداث التغيير المنشود وإنجاحه والتكيف معه.

وهكذا استقر الحال إلى أن الإدارة المستجيبة والقائمة على إدارة الجودة ومدخل النظم وإعادة الهندسة وإدارة التغير والتخطيط الإستراتيجي تمثل الإستراتيجية الملائمة لعصر الشراكة والخصخصة والتعأو ن، فالإدارة التربوية بهذا الصدد تشمل اليوم إعادة الهندسة والتخطيط الإستراتيجي المتطور بدلا من كل أساليب الإدارة والتخطيط الجامدة (الكبيسي، 2010، 115).

مفهوم الجودة في التعليم (Quality Concept in Education):

إن الاهتمام بإدارة الجودة الشاملة في التعليم تبنته كثير من الدول وفي مقدمتها بريطانيا في بداية التسعينات، واستمر الاهتمام به في أو ربا والولايات المتحدة الأمريكية واليابان وصار ميدانا مهما في دراسة الجودة والاهتمام بها (البيلاوي، 1996، 6).

لقد أصبح من الضروري التفكير المستقبلي للتعليم اليوم الذي يتطلب وجود الجودة في المنتج التعليمي، وهذا لا يأتي إلا من خلال الاهتمام وتبني صيغ جديدة مطبقة في بعض الدول المتقدمة والاستفادة منها، ممثلة في إدارة الجودة الشاملة لأن المهمة الأساسية لتحدي ومعالجة المشكلات التعليمية تتمثل في الأخذ بمبادئ إدارة الجودة الشاملة، وتقنياتها في العديد من المجالات التربوية، وخاصة في البناء التنظيمي والمناخ المدرسي والإشراف التربوي والإرشاد نحوتحسين العملية التعليمية، وذلك من خلال التزود بالجودة التقنية والمهنية، باستخدام برامج أكاديمية تربوية، تزيد من إمكانات الطالب في المجتمع التقني اليوم، حيث يتجه العلم نحوبناء مجتمع المعرفة، وذلك لمقابلة التحديات التي تغير العالم بسرعة كبيرة.

لقد أصبحنا اليوم بحاجة ماسة لخلق روح المنافسة الشريفة بين المدارس من أجل تحقيق أفضل النتائج يرضى عنها المجتمع الذي يعد المستفيد الأو ل من كافة جهود التغيير في مؤسساته فإن الإدارة المستقبلية التي ننشدها سوف تتطلب إحساسا يوميا مستقبليا، وقدرة على التركيز على فهم واستيعاب التغيرات المعقدة، وتأكيد القدرة على التعامل بمهارة عالية من أجل التكيف مع تلك المتغيرات، بل والقدرة على إحداث تغييرات في العمليات، والحاجات المدرسية كلما تطلبت الظروف ذلك.

فوائد تطبيق مفاهيم الجودة:

إن أهم فوائد تطبيق الجودة تتمثل بما يأتي:

- الإقلال من الأخطاء.

- الإقلال من الوقت اللازم لإنهاء المهمة.

- الاستفادة المثلى من الموارد المتاحة.

- الإقلال من عمليات المراقبة.

- زيادة رضا المستفيدين.

- زيادة رضا العاملين.

- الإقلال من الاجتماعات غير الضرورية.

- تحديد المسؤولية وعدم إلقاء التبعات على الآخرين (أبوناصر، 2008، 133).

المداخل الرئيسية للجودة في مجال التعليم:

لغرض مواكبة مفهوم الجودة وتبنيه والعمل على وفقه توجب التعرف على المداخل الرئيسية لها في مجال التعليم والتي تتحدد بما يأتي:

1- اندماج مفاهيم الجودة في المناهج الدراسية.

2- استعمال مفاهيم الجودة في الإدارة التربوية.

3- طرق تحسين العمليات التعليمية بالمدرسة.

4- تميز الطلاب.

وقد انبثق عن هذه المداخل عدد من المفاهيم وهي:

أ - اختيار القيادة (Leader ship):

وفيه يجب أن يخلق القادة البيئة الداخلية في الناس ليعملوا بالكامل لإنجاز أهداف المدرسة، وكبار القادة أيضا هم الذين يشجعون على المشاركة في تحسين الجودة على كل المستويات ويقومون بدور نموذجي لجودة الحياة.

ب - فهم المساهمين (Understanding Stockholders):

وفيه تقوم مدارس عامة على اعتماد الثقة وفهم حاجات المجتمع الحالية والمستقبلية، وذلك بمعرفة متطلبات وتوقعات المجتمع.

ج - مدخل واقعي لاتخاذ القرار (Factual Approach to Decisio Making):

وفيه تستند القرارات الفعالة إلى تحليل البيانات والمعلومات واختيار البيانات الملائمة لحاجات المدارس، مع توجيه اعتبارات العرض وعمق البيانات، وعلاقتها بالجودة، ويجب أن تتضمن الطالب والمساهمين حيث تحتاج إلى سيطرة عملية تحدد أداء قابلا للقياس، وقيما وبيانات جيدة، ومناسبة وثيقة الصلة، ومتوافقة وموثوق فيها يتم تضمينها في دليل الجودة.

د - الارتباط بالأفراد (Involvement of people):

وفيه يعتبر الأفراد على كل المستويات أنهم جوهر التربية، وتدخلهم الكامل يمكنهم من تقديم المعلومات المفيدة للمنظمة، ومن ثم يجب أن يكون هناك مستخدمون ذووجودة وفعالية وكفاءة تستطيع أن تنجز أهداف العمليات المدرسية حتى يتم إنتاج ذوجودة عالية، لأن نظام الجودة يطمئن المساهمين والطلاب ويزدادون ثقة في التعليم عالي الجودة.

هـ - مدخل العملية (Process Approach):

يتم إنجاز التعليم بشكل فعال عندما يتعلق بالموارد والأنشطة التي تدار كعملية تغيير ذات قيمة مهما كان تدخل المدرسة، حين يصبح الجهل معرفة، والعصيان توافقا، والأطفال بالغين صغارا وبالتالي فإن:

1- كل العمل في المدرسة يعد من العمليات.

2ـ الأنشطة خلال عمليات المدرسة كثيرا ما تتفاعل كل منها مع الأخرى.

3- مخرجات المدرسة هي مخرجات العملية التعليمية.

4- لتحسين المستمر (Continual Improvement): يجب أن يكون التحسين المستمر في العمليات والمخرجات، هدفا مستمرا في المدرسة، وبالتالي فإن تحسين المدرسة، هم استمرار هدف المدارس، وينفذ هذا التحسين من خلال نظام جودة يخضع لمعيارين هما:

المعيار الأو ل: استمرار مستويات المخرجات في الارتفاع، والكلفة في الانخفاض.

المعيار الثاني: استقرار العمليات قبل تطويرها.

ويتطلب هذان المعياران ما يأتي:

1- بيانات عن المخرجات، والكلفة، واستقرار العمليات.

2- أن تلبى معايير عملية تحسين المدرسة متطلباتها.

3- إمكانية منع الأفعال التي تفشل في تلبية المتطلبات.

4- الثقة في زيادة تحسينات المدرسة التي تقابل كمتطلبات.

5- إن الأفعال الإصلاحية ومنع الأسباب الجذرية للمشكلات يمكنها إعادة ثقة المستخدم.

6- تجنب وعلاج الأسباب الجذرية للمشكلات يخفضان التبديد.

7- خصائص نظام المدرسة يمكن أن يخضع للدراسة.

وهناك سبعة مفاهيم إدارية تقدم كأسس ضرورية لتحسين التعليم وهي:

1ـ التزام الإدارة العليا بتقديم الفعالية التنظيمية.

2ـ تعريف العمليات الحرجة للتحسين.

3ـ انتقاء تدريجية العمليات.

4ـ تنظيم العمليات قبل بداية التحسين.

5ـ تناسب الوقت بشكل يلاءم بين التصميم والتحسين والتطبيق.

6ـ وجود مقاييس دورية أخذت أثناء دورة التحسين وتقرير النتائج.

7ـ إعلان تحسينات ذات مغزى في شروط عمليات المساهمين (الزهيري، 2008، 30 ـ 34).

مبادئ إدارة الجودة الشاملة:

يرى جوزيف جوران: إن تخطيط الجودة يتطلب تحديد الأهداف من تطبيقها وتحديد العميل وتحديد وسائل التحكم بالعمليات (جوران، 1993، 1، 2).

أما أهم المبادئ المشتركة التي تعتمد عليها نظم إدارة الجودة الشاملة هي ما يأتي:

1- القيادة الفعالة: وتعني القدرة على حث الأفراد وتشجيعهم في أن تكون لديهم الرغبة والقدرة في إنجاز الأهداف (العزأو ي، 2005 ، 65). كما أنها عملية ابتكار الرؤية البعيدة، وصياغة الأهداف، ووضع الإستراتيجيات، وتحقيق التعأو ن، والتأثير في الآخرين، واستنهاض الهمم للعمل من أجل تحقيق الأهداف (المفيد، 2006، 96)، لذا ينبغي أن تهتم قيادات التعليم بتوحيد الرؤية والأهداف والاستراتيجيات داخل منظومة التعليم، وتهيئة المناخ التعليمي لتحقيق هذه الأهداف وبأقل تكلفة.

2- التركيز على المستفيد (Focus on Customer): وفيه يجب أن تتفهم المؤسسات الاحتياجات، والتوقعات الحالية، والمستقبلية لعملائها، وتكافح لتحقيق كل التوقعات، والعمل هنا هو(المستفيد)أي الطالب، والمجتمع، وسوق العمل الذي يستوعب الجريجين.

3- مشاركة العاملين (People Involvement): وفيها يكون التأكيد على المشاركة والمنصفة لجميع العاملين المشاركين بالتعليم، من القاعدة إلى القمة بدون تفرقة، كل حسب موقعه، وبنفس الأهمية سيؤدي إلى اندماجهم الكامل في العمل، وبالتالي يسمح باستخدام كل قدراتهم وطاقاتهم الكامنة لمصلحة المؤسسة التعليمية.

4- التركيز على الوسيلة والتخطيط الاستراتيجي: وفيه وضع خطة شاملة تعتمد رؤية وأهداف تمكن من صياغة الإستراتيجية ومن ثم تسهل وضع السياسات والبرامج في ضوء تحليل معمق للبيئة الداخلية والخارجية باعتماد نقاط القوة والضعف في البيئة الداخلية والفرص والمخاطر في البيئة الخارجية لغرض وضع الخطط الشاملة بالشكل الذي يوفر قابلية دعم للميزة التنافسية للمؤسسة أو المنظمة (العزاوي، 2005، 59)، والتركيز هنا على الوسيلة هوالفرق الجوهري بين مفاهيم إدارة الجودة الشاملة، ومفاهيم ضمان الجودة التي تركز فقط على المنتج وحل المشاكل التي تظهر أولا بأول.

5ـ اعتماد القرار بالاعتماد على الحقائق: وفيه يكون الاعتماد على الحقائق يدفع إلى اتخاذ القرارات الناجحة، وهذا يكشف عن الفرق بين الإدارة الفعالة وغير الفعالة، وهذا هوانعكاس للفارق بين قدرة الأو ل على اتخاذ القرار السليم وعدم قدرة الثاني على اتخاذه (الزعبي، 2001، 194). لذا يتحتم اتخاذ القرارات الفعالة ليس فقط على جمع البيانات، بل على نتائج تحليلها، ووضعها في خدمة متخذي القرار.

6ـ التحسين المستمر (Continuous Improvement): إن تحقيق الجودة يتطلب تحسينا مستمرا للمدخلات والعمليات، وهذه التحسينات تستوجب مشاركة قوية من العاملين والتزاما مؤسسيا شاملا، فجهود مجموع العاملين في المؤسسة، وليس جهود الأفراد هوما يعول عليه، فالجودة تتحقق فقط حينما يخلق المديرون في المؤسسة مناخا تنظيميا يشجع ويركز بشكل مستمر على جودة المنتجات (الخطيب، 2006 ، 256). لذا يجب أن يكون التحسين المستمر هدفا دائما للمؤسسات التعليمية كافة.

7- الاستقلالية (Autonomy): تعتمد إدارة الجودة الشاملة على الاستقلالية، مع دعم مفهوم اللامركزية والحد من المركزية.

عناصر إدارة الجودة الشاملة:

إن أهم العناصر التي تميز إدارة الجودة الشاملة، وتمثل أسس بناء هرم إدارة الجودة الشاملة   TQM
Pyramid وهي:

1- التزام الإدارة بالقيادة السليمة.

2- التركيز على المستفيد (الطالب).

3- التركيز على الحقائق.

4- التحسينات المستمرة.

5- اشتراك كل الأشخاص.

هذا إلى جانب كيفية معالجة الإدارة عملية التطبيق الخاص بإدارة الجودة الشاملة، وقد وضع ديمنج
عناصر إدارة الجودة الشاملة في المؤسسات التعليمية وكما يأتي:

● قيادة تعرف وتتفق على أهدافها وشروط وعقبات أدلة الجودة الشاملة.

● قيادة يكون لديها الشجاعة في التخاصم مع الأشياء التقليدية.

● قيادة تعيّن مديرا لتحسينات الجودة.

● قيادة تشكل بشكل سريع وتعمل على تصاعد المنظمة والعمل على التحسينات المستمرة.

● قيادة توضح للمستخدمين التغيرات الضرورية التي تتضمن كل شخص في المؤسسة.

● قيادة توضح كل نشاط وكل عمل للمستفيدين الخصوصيين ومورديها.

● قيادة تضمن لكل مستخدم في المؤسسات التعليمية المشاركة بشكل نشط، من خلال عمل ودائرة
الجودة.

مؤشرات الجودة الشاملة في التعليم:

إن مؤشرات الجودة الشاملة في التعليم هي كما يأتي:

- أن يظهر المتعلمون تقدما نحواكتساب الكفاءات والمهارات الأساسية التي تعزز أهدافهم التربوية.

- تقدم المتعلمين في البرنامج التعليمي والاستمرار في إعدادهم وتدريبهم لمستويات في مهارات أخرى.

- عملية تخطيط البرنامج التي تأخذ في اعتبارها أو ضاع المجتمع سكانيا، وتشتق الخطة من الوظائف والاحتياجات والمصادر، والاتجاهات الاقتصادية والتكنولوجية المعلنة، ويراعي في عملية التخطيط أن تكون مستمرة.

- تقديم تقارير سنوية ومالية ومدى تأثيرها في التقدم.

- إعداد برامج منهجية تدريسية لتلبى حاجات الطلاب.

- المواد التعليمية.

- تنسيق الخدمات التي تقدم للطلاب وعن طريقها يحدد البرنامج مباشرة احتياجات الطلاب من الخدمات الطلابية ثم توفيرها بطريقة مباشرة أو غير مباشرة.

- استخدام طرق مناسبة لانتقاء الطلاب.

- بقاء الطلاب في البرنامج التعليمي لمدة كافية لتحقيق الأهداف التربوية.

- أن يحدد البرنامج بوضوح عنصرا ومقوما أساسيا وهوتنمية هيئة التدريس لتحسين كفاءاتهم.

- تحسين فعالية المعلم.

- قدرة المعلم على التكامل مع نوعيات مختلفة من الدارسين (الزهيري، 2008، 48، 49).

إدارة الجودة في القرن الحادي والعشرين:

يوجد في عالم اليوم انفجار سريع في أماكن التسويق على مستوى العالم، كما أن هناك طلبات تنظيمية وإنسانية وإدارية تدخل في القرن الحادي والعشرين لتسويق هذه الطلبات والتخطيط لمقابلتها، وهذه تتشكل من خلال خبرة كل من أمريكا وأو ربا وآسيا في إعادة هندسة وهيكلة نظم إدارة العمليات والمعلومات باستخدام قواعد البيانات والاتجاهات المنافسة العالمية العامة.

إن الجودة في القرن الحادي والعشرين ستؤثر في العديد من الأساليب التقليدية ومستقبل الشركات ومن بينها المؤسسات التعليمية، لأن تطوير الجودة أصبح له دور أساسي في إدارة حيوية الأعمال، والتعليم، والرعاية الصحية، والاهتمام من الحكومة ليكون منصة الإطلاق لجودة المستقبل.

أما أهم السمات الحيوية لتطوير الجودة هي:

1ـ التي ترتبط بالسلوك الإنساني الرائع والتغيير الذي كان وما يزال يحدث للعديد من الناس في أجزاء العالم من أجل تحسين الجودة وتحسين المخرجات.

2ـ جعل المخرجات هي الطريق الأفضل والأسرع والأرخص للجودة من خلال المدرسة.

3ـ الرقابة الجديدة على الجودة وتكلفة الاقتصاد الذي يحدد نوع التخطيط واستراتيجياته.

4ـ أصبحت الجودة لغة عمل دولية بحيث جعلت جودة المنتجات مسابقة جودة دولية للوصول إلى الأفضل في أي جزء من العالم.

5ـ سعة انتشار التميز الإداري، الذي يعد ضرورة مطلقة وعالمية تستند إلى اتخاذ القرار.

6ـ قياس مخرجات إدارة أعمال الجودة بالشروط الجدية بدلا من تعبيرات الحكايات، كما بدأته الشركات (الزهيري، 2008، 57 ـ 60).

أهمية إدارة الجودة الشاملة في الإدارة المدرسية والصفية:

تأتي أهمية إدارة الجودة الشاملة في هذا المجال من خلال مواجهة التحديات التي تواجه المدرس والتي تتمثل بـما يأتي:

- إن إدارة الجودة الشاملة في الإدارة المدرسية تساعد في تصميم مبادرات شاملة لتطوير الطلاب والاهتمام بهم كمستفيدين ومستخدمين للنظام التربوي، كما أن هذه الإدارة تقدم تغييرات في علاقات المعلمين مع كل من الطلاب والمدراء، كما أنها تقدم مقاييس واختبارات بواسطتها يمكن قياس تقدم الطلاب بشكل منتظم في خلال السنة الدراسية، وهذا ما يجنب مشكلات التركيز على امتحانات آخر العام الدراسي.

- تساهم في تحسين المدارس كطريقة حياة، وهذا التحسين عملية مستمرة تتيح عمليات أساسية في التدريس تهدف إلى الاستكشاف والتطوير لكافة عناصر العملية التعليمية.

- تساعد المدرس في تعريفه بالدور والهدف والمسؤولية التي يقوم بها.من خلال أن تكون المدارس استثمار في المجتمع المستقبلي ولبس فقط كمؤسسات خدمة للطلاب والوالدين مع وجود حوار مستمر حول التحسين التربوي.

- تكون إدارة الجودة الشاملة بمثابة قيادة شاملة لتدريب كافة المربين على مختلف المستويات ليكونوا مدراء مساهمين ويعملون على تحسين المعرفة والمهارات ـ

- تكمن أهمية إدارة الجودة الشاملة في الإدارة المدرسية من حيث كونها تبتكر وسائل متقدمة لتطوير أداء العاملين في المدارس وتطوير هياكلها التنظيمية.

- الممارسة النموذجية في استعمال المعلومات لتوجيه السياسات وممارستها، والاستفادة من سياسات المدرسة العامة والواضحة.

مراحل تطبيق نظام إدارة الجودة الشاملة في المدارس:

إن خطوات تطبيق إدارة الجودة الشاملة في المدارس يمر بالمراحل الآتية:

المرحلة الأولى: التخطيط الإستراتيجي:

إن التخطيط الإستراتيجي للجودة الشاملة في المدارس يتضمن الخطوات التالية:

- إعداد دراسة ميدانية عن الوضع القائم في المدرسة من جميع الجوانب المادية والبشرية.

- وضع ونشر رؤية مستقبلية واضحة لمدارس الجودة.

- إعداد رسالة واضحة للمدارس المطبقة لنظام الجودة.

- إيضاح سياسة الجودة في المدارس المطبقة للجودة.

- تحديد الأهداف القريبة والبعيدة المدى المراد تحقيقها من تطبيق نظام الجودة.

- تحديد آفاق التغيير وفرص التحسين المستمر والتطوير القريب والبعيد المدى في الأداء والإنجاز على وفق الإمكانيات المادية والبشرية والمعلوماتية المتاحة.

- وضع معايير رقمية مقننة لقياس مستوى الأداء وتقويم مطابقة المدارس لنظام إدارة الجودة الشاملة.

- وضع إجابات للأسئلة التالية: ماذا نريد تحقيقه ؟ ولماذا ؟ وكيف يتحقق ؟ ومتى ؟ وأين ؟

ولكي يحقق نظام الجودة الأهداف المطلوبة منه وتهيئة المتطلبات، لذا توجب أن تكون الإدارة التربوية والتعليمية هي المسئولة عن التخطيط الإستراتيجي وتطبيقه في المدارس.

المرحلة الثانية: تشكيل مجلس الإدارة:

إن مجلس إدارة الجودة الشاملة يتشكل من: أعضاء يمثلون إدارة المدرسة عددهم من (8ـ 10)أعضاء ، وبعض المعلمين وأو لياء أمور الطلاب، وتكون لديهم الدافعية والحماس لتطبيق النظام، ولديهم القدرة على التخطيط والإشراف الجاد، وأن يكون المجلس واضح في أدائه ويقوم بالمهام الآتية:

- العمل على تحقيق الأهداف والإشراف العام على تطبيق النظام.

- تهيئة بيئة للعمل وتوفير المستلزمات الأساسية التي تساعد على تطبيق النظام.

- التخطيط لنشر مفهوم الجودة وتنظيم برامج التدريب للمنتسبين في المدرسة وبالتعاون مع الإدارة العليا.

- التخطيط لتوظيف نشاط جميع العاملين والطلاب بما يواكب نظام الجودة.

- التخطيط لجودة الخدمات والعمليات المقدمة للمستفيدين داخل المدرسة وخارجها.

- الدعم والتحفيز للمشاركين في التطبيق والتفعيل.

- التقويم المستمر لما تحقق من إنجاز وتقديم التغذية الراجعة.

- تهيئة فرص التواصل مع أو لياء الأمور وكافة المستفيدين من الخدمات التعليمية.

- التواصل المستمر مع المراكز والمنشآت الأخرى التي تهتم بنظام الجودة.

المرحلة الثالثة: تعريف مفهوم الجودة وإشاعة ثقافتها:

المقصود بنشر المفهوم هوالتعريف بالجودة وسماتها وخصائصها وأهدافها وأبعادها وخلفيتها التاريخية ومراحل تطورها ومتطلبات تطبيق النظام والفوائد العائدة من التطبيق الناجح لنظام إدارة الجودة الشاملة.

أمـا الثقافـة التنظيميـة فتتكـون مــن مجموعـة مــن الأفكـار والقيـم الأساسـية لنظـام الجـودة

ويمكن تعريفها (التصور التراكمي الأفضل للطريقة التي يتعامل بها القادة، والطريقة التي يتوقعها الأفراد في تعاملهم مع القادة ومع بعضهم البعض، والطرق المثلى التي يتعامل بها الجميع مع النظام التعليمي العام واللوائح والتوجيهات.

ومن المستحسن إجراء تقويم أو لي لوضع الثقافة التنظيمية في المؤسسة قبل البدء في نشر المفهوم، كما يتطلب نجاح هذه المرحلة وضع خطة مرسومة بدقة يحدد لتنفيذها برنامج زمني هادف يتطلب الإيفاء بمتطلباتها، حتى تتحقق هذه المرحلة في وقت مناسب، كما أن هذه المرحلة تستمر أثناء التطبيق.

المرحلة الرابعة: الممارسة العملية والتدريبية:

وفيها يقوم مجلس إدارة الجودة بالمدرسة لتنظيم برامج تدريبية هادفة تتناول:

- تزويد المعلمين بالطرق التربوية الحديثة التي تعزز خبراتهم ومهاراتهم في مجال تخصصاتهم.

- أن يزود القادة والإداريين بالمعارف والمهارات القيادية الحديثة.

- تزويد القادة والمعلمين والإداريين والموظفين بالاحتياجات التدريبية والتطبيقية اللازمة لنظام إدارة الجودة الشاملة.

ويمكن مراعاة الجوانب التالية عند التخطيط لهذه البرامج:

- تحديد الاحتياجات التدريبية للمديرين والمعأو نين والمعلمين والموظفين.

- التعاو ن مع الجميع والمختصين بإدارة الجودة الشاملة لتنظيم البرامج المناسبة لكل العاملين في المدرسة.

ومن مجالات التدريب ما يلي:

- بناء العلاقات وإدارة الاجتماعات.

- حل المشكلات بطرق بداعية.

- القيادة والإبداع وإدارة التغيير.

- تشكيل فرق التحسين المستمر وتدريبها.

- المراجعة الداخلية لنظام الجودة الشاملة.

- الجودة الشاملة في غرف الدراسة.

- التعريف بأدوات التحسين والتدريب عليها.

المرحلة الخامسة: التطبيق والتوثيق:

يعمل مجلس إدارة الجودة في المدرسة والإدارة العليا للنظام بمشاركة كافة العاملين على توثيق وتطبيق نظام إدارة الجودة الشاملة، وذلك وفق العمليات التالية:

1ـ الإعلان عن تبني المدرسة لنظام إدارة الجودة الشاملة وتطبيقه لجميع العاملين في المدرسة وأو لياء الأمور والأطراف ذات العلاقة (إبراز الرؤية، الأهداف، السياسة).

2ـ تصنيف المستفيدين من الخدمات التعليمية.

ـ المستفيدين الداخليين (الطلاب، جميع العاملين بالمدرسة).

ـ المستفيدين الخارجيين (أو لياء أمور الطلاب، إدارات التعليم، أطراف المجتمع ذات العلاقة).

3ـ الخدمات المقدمة للمستفيدين:

تقوم إدارة المدرسة برصد الخدمات والاحتياجات اللازمة للمستفيدين وحصر توقعاتهم الحاضرة والمستقبلية، وإتباع الأسلوب المناسب لتحقيقها بتوازن مع النظام التعليمي العام.

ويمكن تحقيق ذلك عن طريق القيام بما يأتي:

- ربط أهداف نظام الجودة باحتياجات وتوقعات المستفيدين.

ـ تحديد قنوات لاستقبال مقترحات وشكأو ى المستفيدين (صندوق الاقتراحات، الاجتماعات الفردية والجمعية، الاستبيانات، استطلاع الرأي) وتحليل المقترحات والشكأو ى وتزويدهم بالنتائج.

- قياس مستوى رضا المستفيدين من خلال اللقاءات والاستبيانات.

4- بناء قاعدة من المعلومات والبيانات عن المدرسة:

- صف مختصر للمدرسة يتضمن البيانات الأساسية والإعلام عنها للمستفيدين.

- وصف وظيفي لجميع العاملين بالمدرسة والإعلام عنها للمستفيدين.

- وصف للصلاحيات والمسئوليات التي يتمتع بها مدير المدرسة والإعلام عنها للمستفيدين.

ـ وصف مختصر لجميع طلاب المدرسة (الطالب، الصف الدراسي، الطلاب المتفوقين دراسيا، الطلاب الموهوبين، الطلاب ضعاف التحصيل الدراسي).

ـ وصف للمهام والأعمال المسندة للقيادات التربوية والصلاحيات المفوضة وحصر وجمع كافة البيانات والنتائج المدرسية وتبويبها وتمثيلها بالأساليب الإحصائية.

5ـ الاستفادة من التقنية الحديثة والخدمات المعلوماتية:

- إنجاز المعاملات والمراسلات باستخدام التقنية الحديثة.

- استخدام الكمبيوتر في تفعيل وتوثيق البرامج والأنشطة الداخلية.

- تدشين موقع للمدرسة على شبكة الإنترنت ومتابعة تحديثه.

- تشجيع الطلاب على تقنية المعلومات والإنترنت.

- تشجيع التواصل مع أو لياء الأمور عن طريق التقنية الحديثة.

6ـ وضع خطط مدرسية قابلة للقياس تتضمن: الأهداف ـ البرامج والأنشطة ـ وسائل التنفيذ ـ المستفيدين ـ تاريخ التنفيذ ـ التقويم.

ويراعى في الخطة ما يأتي:

- أن يشارك في إعدادها المنفذون أنفسهم.

- أن تكون واقعية وممكنة التطبيق.

ـ أن تكون شاملة لكافة البرامج المدرسية.

7ـ توظيف العمليات المدرسية على وفق نظام إدارة الجودة الشاملة وحسب المراحل التالية:

- حصر العمليات وتحليلها وتحديد العمليات المرشحة للتحسين.

- تحديد الخطوات وإجراءات التحسين ثم التطبيق.

- التقويم المستمر وتقديم التغذية الراجعة.

8ـ صياغة إجراءات عملية واضحة لعمليات التحسين يتضمن كل إجراء: (اسم الإجراء ـ الغرض ـ مجال التنفيذ ـ الجهة المسئولة عن التنفيذ ـ الوثائق المرجعية ـ خطوات الإجراء).

9ـ تطبيق مبدأ العيوب الصفرية ويتم من خلال:

- أن يلتزم جميع العاملين بمبدأ أداء العمل الصحيح منذ البداية وبشكل مستمر.

ـ إخبار الإدارة العليا بالمعوقات التي تمنع تطبيق مبدأ انعدام العيوب الصفرية ، واعتماد مبدأ عدم تكرار الأخطاء.

10ـ تشجيع البرامج التطويرية والأساليب والمبادرات الإبداعية ويتم من خلال:

ـ تهيئة المناخ المدرسي للإبداع والتطوير الحديث.

- اعتماد المبادرات الإبداعية والاهتمام بها وتحفيزها عند العاملين.

ـ تبادل الخبرات والتجارب مع المدارس الأخرى.

11 ـ ترسيخ مفهوم نظام إدارة الجودة الشاملة واعتماده داخل غرفة الصف من خلال:

ـ إشاعة هذا المفهوم في صفوف الطلبة، والتعريف بمبادئه وسماته.

- يكون المعلم القدوة والالتزام بالنظام.

- يكون لدى الطلبة رؤية واضحة ورسالة محددة وأهداف تطبيقية تشجعهم على الالتزام بالنظام.

ـ الاستفادة من استراتيجيات التدريس.

12ـ وضع آلية لرعاية الطلاب وتوجيه نشاطهم من خلال برامج التوجيه والإرشاد، والبرامج الصحية، ورعاية ذوي الاحتياجات الخاصة.

13ـ اعتماد منهجية التحسين المستمر.

14ـ اعتماد سجلات للجودة بشكل منظم وموثق.

15ـ وضع آلية محددة للمتابعة والمراجعة الداخلية تتضمن:

- تحديد مفهوم وأهداف المتابعة والمراجعة الداخلية.
- تحديد المجالات التي يطبق عليها المراجعة الداخلية.
- تحديد فريق المراجعين الداخليين وتحديد المهام المطلوبة من الفريق.

ومما يمكن الإشارة إليه إلى أن المدارس المطبقة لهذه الخطوات عليها أن تعي أن هذه الخطوات مترابطة، هذا من جانب ومن جانب آخر عليها أن تعي أيضا أن نظام إدارة الجودة الشاملة هوبمثابة المظلة لجميع البرامج التطويرية والتحسينية، ولا يمكن الوصول إلى الحد

الأقصى من الجودة الشاملة، وإنما العملية مستمرة، وذلك لاستمرار عملية التطور ألمعلوماتي والمعرفي المتزايد (الزهيري، 2008، 66 ـ 74).

المعوقات التي تواجه تطبيق مبادئ إدارة الجودة الشاملة في التربية والتعليم:

إن الفشل في تطبيق إدارة الجودة الشاملة لا يعود إلى السياسات والخطط التعليمية وإنما يعود إلى التطبيق وآلياته. وقد لا يكون السر في نجاح المؤسسات في اختيار أفضل برامج لإدارة الجودة الشاملة بل في تبني البرنامج الذي يتناسب مع ثقافة المؤسسة وأفرادها، وفي مشاركة والتزام كل فرد في المؤسسة بهذا البرنامج وأهدافه (الترتوري وجويحان، 2006 ، 49).

وفيما يأتي أهم معوقات التطبيق:

1ـ عدم التزام الإدارة العليا بتطبيق برنامج إدارة الجودة الشاملة بشكل جاد، ولهذا لابد أن تتعلم خطوات هذا البرنامج ثم توجد هيكلا تنظيميا ونظاما للمكافئات يدعم هذا البرنامج، ومن ثم يكون لديها الرغبة في تكريس المصادر والجهود اللازمة لتطبيق هذا البرنامج (عليمات، 2004 ، 66).

2ـ الاهتمام الجزئي بالنظام، حيث أنها تؤكد على أساليب معينة في هذا النظام وليس النظام ككل.

3ـ عدم الحصول على مشاركة جميع العاملين وعدم التزامهم وشعورهم بالمسؤولية تجاه البرنامج. ولغرض إنجاحه لابد من مشاركة كافة أفراد المؤسسة والتزامهم المستمر ومسؤولياتهم تجاهه (Mart inch، 1997) ؛ ;p)، .((601

4ـ التركيز على الأهداف قصيرة المدى.

5ـ لكون برامج التحسين في الجودة تتطلب تغيرا تاما في ثقافة وطرق العمل في المؤسسة، فإنها تلاقي مقأو مة من قبل العاملين أو الإدارة، وكذلك تخوف البعض تخوف البعض من تحمل المسئولية والالتزام بمعايير حديثة.

6ـ صعوبة تحديد الأو لويات بين الخدمات الواجب توافرها، وهذا يعود إلى تعدد المستفيدين في المدرسة، بالإضافة إلى صعوبة تحديد معايير قياس مدى جودة الخدمات.

7ـ إقرار التطبيق قبل إعداد البيئة الملائمة لتقبلها.

8ـ التركيز على قياس الأداء وليس على الإدارة الواعية التي تساعد العاملين على تحقيق جودة أعلى.

9ـ المركزية في رسم الخطط واتخاذ القرارات.لأن إدارة الجودة الشاملة بحاجة إلى نظام لا مركزي يسمح بالمزيد من الحريات والابتكار في العمل بعيدا عن الروتين والتعقيدات الإدارية التي تضعف العمل والأداء (العاجز ونشوان، 2005 ، 117).

10ـ ميل البعض لإتباع الطرق التقليدية في التعليم والإدارة.

11ـ عدم الاتساق بين سلوكيات القادة وأقوالهم.

12ـ ضعف النظام ألمعلوماتي في المدرسة، وندرة توفر البيانات والمعلومات عن النظام التعليمي.

وهناك بعض الصعوبات التي تواجه تطبيق نظام إدارة الجودة الشاملة في المدارس، والتي ينبغي أن تكون متوقعة من قبل إدارة المدرسة حتى لا تكون محبطة للأفراد ومعيقة للنظام في بداية تطبيقه، وإن أهم هذه الصعوبات ما يأتي:

1- صعوبة إقناع بعض العاملين في المدارس بالنظام وبتغيير ما سبق التعود عليه في مستوى وطريقة الأداء.

2- الفهم الخاطئ للنظام لدى بعض العاملين نتيجة ضعف التوعية.

3- قلة توفر الكفاءات المؤهلة لنشر النظام وتطبيقه.

4- قلة الموارد المالية لتطبيق هذا النظام والإيفاء باحتياجاته.

5- تعجل بعض المستفيدين لنتائج تطبيق النظام.

متطلبات تطبيق إدارة الجودة الشاملة في الإدارة المدرسية والصفية:

إن متطلبات التطبيق العملي لإدارة الجودة الشاملة في الإدارة المدرسية والصفية يمكن تحديدها بما يأتي:

أو لا: الاهتمام بمفاهيم إدارة الجودة الشاملة المرتبطة بتحسين التعليم من خلال:

- إدارة عليا والتزام وحسن تأثير تنظيمي.

- تعريف العمليات الحرجة للتحسين.

- معالجة القياس قبل بداية التحسين.

- أن يكون الوقت مناسب وملائم بين التخطيط والتطوير والتطبيق.

- وجود مقاييس دورية خلال عملية التحسين واختبار النتائج.

- تخير تحسينات في التغيرات ذات المغزى لمصالح المساهمين.

ثانيا: تهيئة بيئة جديدة لعملية التعليم والتعلم من خلال ما يأتي:

- أن تكون المناهج الدراسية أكثر توافقا مع برامج الجودة الشاملة.

- تقديم المساعدات الشخصية الذين يواجهون صعوبات في فهم التطبيق الشامل للجودة.

- تغطية شاملة لكل المواد الدراسية، لأجل تطبيق إدارة الجودة الشاملة فيها جميعا.

- تزويد كافة العاملين بالمدرسة بالمفاهيم الخاصة بالجودة وكيفية تطبيقها في التعليم.

- معالجة المشكلات الأساسية للطالب عن طريق اقتراح تحليل خاص لمحتوى المناهج باستعمال مبادئ إدارة الجودة الشاملة.

- مراعاة التغيير الشامل في المدارس بداية من مستوى غرف الدراسة إلى المعلمين مت أجل تطبيق الأفكار الجديدة.

- ابتكار عملية جديدة من خلال تطوير العاملين ليكونوا أكثر حسما في مساعدة الطلاب، والمستخدمين لفهم نتائج تحسين الجودة في ضوء السياسات الخاصة بأداء الجودة.

- الاهتمام بالتعرف على أسباب الجودة والحالة الآنية للمؤسسات التعليمية.

- الالتزام بالأطوار الخمسة لتطبيق إدارة الجودة الشاملة وهي: الالتزام، التطوير التنظيمي الكامل في عمليات الإدارة الرئيسية، والتركيز على الطالب من خلال تصميم فرق العمل مع التوجيه العملي والتحسين المستمر يوميا.

- العمل على رفع الروح المعنوية للعاملين.

- التحسين المستمر في كل مظاهر العملية التعليمية.

- وجود لجنة تنسق وتراقب وتطور وتطبق عملية تحسين المدارس.

ثالثا: مواصفات إدارة الجودة الشاملة المتعلقة بالمعلم:

لكي يتم المعلم عمله في ضوء مفهوم إدارة الجودة الشاملة لابد أن يقوم بما يأتي:

- أن يتمثل متطلبات أخلاقيات مهنة التربية والتعليم.

- يتصف بمبدأ العدالة في تعامله مع الطلاب.

- يتعرف على مشكلات الطلاب.

- يخطط محتوى مادة تخصصه بطريقة صحيحة.

- يستطيع تحليل المقرر الدراسي.

- يختار الأنشطة التعليمية التي تخدم موضوع درسه وتحقق أهدافه.

- يختار الوسائل المناسبة لمواقفه التعليمية.

- يقوم بإدارة الموقف الصفي بكفاءة عالية.

- أن يوظف أنواع التقويم في مجال تخصصه بفعالية.

- ينتهج مبدأ التطوير المستمر لعمليات التعليم والتعلم.

- يتابع مستجدات تخصصه ويستفيد منها في عمله.

- يوظف الإمكانات المادية والبشرية للبيئة المدرسية والمحلية.

رابعا: اكتساب دعم قادة المجتمع:

ويتم ذلك من خلال استعمال الجودة في التعليم، حيث أن هذه المساندة أساسية للتغيير التربوي، والتطوير الإداري في المؤسسات التربوية.

خامسا: اعتماد مبادئ إدارة الجودة الشاملة لديمنج:

وتتمثل هذه المبادئ في تحديد الهدف الأساسي لتحسين المخرجات التعليمية من خلال تبني فلسفة جديدة تتعرف من خلالها الإدارة التعليمية والمدرسية على مسئولياتها، والعمل على إنجاز الجودة من خلال قاعدة لجودة البناء في الإنتاج، مع ضرورة العمل على خفض الكلفة الكلية مما يتطلب وجود قيادة ملتزمة بالمؤسسة تعمل على تدريب الأفراد، والإشراف على مساعدتهم، وعلى عملية الإنتاج مع إزالة الخوف، حتى تكون المشاركة أكثر فاعلية داخل المدرسة، والعمل في فريق للتعرف على موانع التعطيل بين الأقسام، والوصول لحلول للمشكلات عن طريق وجود شعارات لقوة العمل للتعرف على المستويات الجديدة للإنتاج وأسباب انخفاض الجودة فيها، وتقوم الإدارة من خلال القيادة أيضا بوضع معايير عمل خاصة بالإدارة بالأهداف، وتحديد مسئولية المشرفين من أجل التعرف على الخطوات المختلفة للجودة، والاستناد إلى الإدارة الموضوعية، مع وضع الشخص المناسب في المكان المناسب، والعمل على تحويلهم باستمرار بين الأقسام المختلفة للتعرف على الجديد في الميدان، مع ضرورة عمل برامج نشيطة للوصول إلى التحسين الذاتي للأفراد.

إن المبادئ التي اعتمدها ديمنج تشكل بمجموعها إطارا عاما، يمكن المنظمات الاستعانة به

من أجل وضع نموذج خاص بها. وفيما يأتي عرض لهذه المبادئ:

- تبني المؤسسة لفلسفة جديدة يتم صياغتها على شكل رسالة تصمم على كل من يعمل في المؤسسة.
- اعتماد سياسة تطوير وتحسين تثير التحدي والتنافس.
- تبني هدف الرقابة من كشف الخطأ ومحاسبة المسؤول وإحالته إلى رقابة وقائية.
- توطيد العلاقة الحسنة مع الموردين.
- التركيز على عملية التعليم والتدريب المستمرين بحيث تشمل كافة فئات العاملين في المؤسسة.
- التوقف عن استخدام سياسة التقويم القائمة على أساس الكم فقط.
- تنمية صفة القيادي لدى المديرين، فالقائد هنا مدرب ومكافح ومطور.
- الابتعاد عن فكرة سياسة الغاية تبرر الوسيلة (الربح بأي وسيلة).
- إزالة كل الحواجز والعوائق التي تمنع العاملين من تحقيق إنجازاتهم.
- السعي إلى حل جميع الصراعات القائمة بين العاملين، وإحلال التعأو ن بينهم.
- التركيز على عملية التطوير والتحسين الذاتي للعاملين.
- توفر عنصر الاستقرار الوظيفي للعاملين عن طريق توفير الأمان وإبعاد شبح الخوف عنهم.
- إحداث تغيير جذري في الهيكل التنظيمي للمؤسسة بحيث يخدم تطبيق المبادئ السابقة (الحجار، 2004، 218).

سادسا: استخدام نظام التحويل:

وذلك للتعرف على نظام المعرفة من خلال التزود بخريطة نظرية لفهم المنظمات، والعمل بها لإدراك المعنى الجديد للمفردات. وهنا يمكن ترجمة الأفكار التي ولدت من إدارة الجودة الشاملة إلى التعليم من خلال المبادئ الأربعة عشر لديمنج المشار إليها.

سابعا: الاهتمام بنموالطلاب:

حيث توجه الخدمات التعليمية والتربوية نحوالاهتمام بنموالطلاب وتحسينه من خلال اهتمام المعلم وإدارة المدرسة، ومؤسسات المجتمع المدني بالطلاب، وعلى المدرسة مسؤولية تقديم الرفاهية طويلة الأمد للطلاب لتعليمهم كيف يتعلمون، ويتصلون بأساليب الجودة العالية.

ثامنا: التحسين المستمر:

ويعني هذا أن يكرس كل شخص نفسه للتحسين المستمر، من خلال مناقشة أساليب العمل، وتعديل العمليات الموجودة في المدارس.

تاسعا: مسؤولية الإدارة العليا في نجاح إدارة الجودة الشاملة :

ويعني وجود ترسيخ ثابت لجعل مبادئ واستعمالات إدارة الجودة الشاملة معبرة عن الثقافة العميقة للمؤسسات التعليمية من أجل خلق الثبات للأهداف الخاصة بالتعليم، وبتحسين مستوى المخرجات التعليمية وجودتها.

عاشرا: الاهتمام بالمنهج التعليمي:

ويكون ذلك بالعمل على ابتكار منهج ذي جودة عالية من خلال النظريات، والاعتماد على أفضل البحوث الحالية للتوجيه والإشراف التربوي، والخبرة الاستشارية للمتخصصين في إدارة الجودة الشاملة. ويكون هذا المنهج بإشراف مجلس يمثل الدوائر التالية:

- موظفو المكتب المركزي للجودة الشاملة.

- مدراء المدارس.

- موظفومساندة المعلمين والمتخصصين.

- مراقب.

حادي عشر: الاهتمام بنموذج كروسبي:

ويعني هذا اعتماد الأعمدة الأربعة في دعم عملية الجودة الشاملة في المدرسة وهي:

- المشاركة في إدارة الموقف حيث هوالمفهوم الجديد للجودة، ويجب أن يكون مقدما ومدعوما من الإدارة.

- إدراك جودة متخصصة وتأسيس مجالس جودة في المدارس يكون إلى لها دور حاسم في إدارة الجودة.

- مشاركة المستخدمين بطريقة شاملة في إدراك وتفسير مفاهيم الجودة لبذل قصارى جهدهم لتحقيق هذه المفاهيم.

- تمييز وتعزيز جهود وإنجازات المستخدمين، وتخطيطها وعرضها على المستويات المختلفة داخل المؤسسات التعليمية، لأن هذه الأعمدة يمكن أن تدعم عملية تحسين الجودة وتعكس فلسفة رضا المستفيد (الطالب)كهدف أساسي وأو لي للمؤسسة التعليمية، والمستفيدين الداخليين والخارجيين، وهذا يتطلب من إدارة المدرسة تغيير في الموقف، وكذلك الموظفين، والالتزام بطلبات التحسينات الخارجية للمخرجات التعليمية.

ثاني عشر: الاهتمام بنموذج هوشن لإدارة الجودة الشاملة:

إن إدارة هوشن هي ليست مجرد سياسة، ولكنها خطة سنوية لتحقيق أهداف تم تطويرها بالتعأو ن مع خيارات إدارية لأهداف ووسائل محددة، وتبعا لذلك فإن هوشن توصف كما يأتي:

هوشن = الأهداف + الوسائل

ويمثل نموذج هوشن صيغة الهدف التي يمكن وضعها بدمج اتجاه المؤشر ومقياس الأداء، والقيمة المستهدفة لمقياس الأداء، والفترة الزمنية اللازمة له، وإدارة هوشن عبارة عن الأنشطة (SDCA) والتحسين (CAPD) والصيانة (SDCA) التطوير من أجل تحقيق هوشن (الزهيري، 2008، 81 ـ 83).

من خلال ما تقدم وبيان أهمية إدارة الجودة الشاملة والكيفية في التطبيق الفعلي لها، صار من الضروري اعتمادها في المؤسسات التربوية، وبكل مستوياتها ومفاصلها الإدارية والتدريسية، لضمان التحسين المستمر في كافة مخرجاتها.

الفصل الخامس

الإبداع والإدارة التربوية

يحتوي الفصل على:

- الإبداع في الإدارة التربوية

- مفهوم الإبداع وأهميته في الإدارة التربوية

- صفات الأشخاص المبدعين

- التفكير الإبداعي والتفكير الاعتيادي

- مواطن الإبداع في الإدارة

- كيفية الحصول على الأفكار الإبداعية في الإدارة

- معوقات الإبداع في الإدارة التربوية

- دور الإدارة التربوية في تنمية الإبداع والتفكير الإبداعي

- أساليب تنمية التفكير الإبداعي في الإدارة

- عصف الأفكار في الإدارة

- التعاو ن الفكري

- برامج التدريب على الإبداع

- أسلوب القبعات الست

- أسلوب الأدوار الأربعة

- أسلوب التركيز العقلي

- مراحل العملية الإبداعية

- الإبداع والتدريس الصفي

الإبداع في الإدارة التربوية:

إن الإنسانية بصورة عامة مدينة في تقدمها وتطورها المستمر للفكر الإبداعي الخلاق، فمن خلاله استطاعت أن تحقق جميع الإنجازات الكبيرة في جميع حقول المعرفة العلمية والتقنية وتمكنت من تجأو ز المشكلات والأزمات الصعبة التي واجهتها وتواجهها في المستقبل (موسى، 1990 ، 109).

يقدر العلماء أن نسبة المبدعين المرموقين بين الناس، منذ فجر التاريخ لا تتجاوز اثنين في المليون، وقد تساءل دوما عن سبب ندرة المبدعين وعن العلاقة بين العبقرية والتربية، ومن هنا كانت المشكلة الحاضرة مع الإبداع مشكلة ذات وجهين، أو لهما كشف المقدرات الإبداعية الواعدة عند الأطفال والشباب وثانيهما كيفية تنمية شخصياتهم المبدعة (غباري، وأبوشعيرة، 2010، 218).

إن الإنسانية بصورة عامة مدينة في تقدمها وتطورها المستمر للفكر الإبداعي الخلاق، حيث من خلاله استطاعت أن تحقق جميع الإنجازات الكبيرة في جميع حقول المعرفة العلمية والتقنية وتمكنت من تخطي المشكلات والأزمات الصعبة التي واجهتها وتواجهها في المستقبل.

وتتجلى أهمية الإبداع في الوقت الحاضر بصورة ملحة، نتيجة الحاجات التي فرضتها طبيعة الحياة المعاصرة التي يعيشها الإنسان، والتي تتطلب منه إيجاد السبل المناسبة لعيش رغيد، وحلولا للمشكلات التي تعانيها المجتمعات الإنسانية، ونتيجة للتنافس بين القوى الدولية في مجال الإنتاج بمختلف أشكاله وأنواعه.

مفهوم الإبداع وأهميته في الإدارة التربوية:

في حقيقة الأمر لا يوجد تعريف محدد جامع لمفهوم الإبداع، وقد عرفه كثير من الباحثين بتعريفات مختلفة ومتباينة، غير أنها تلتقي في الإطار العام لمفهوم الإبداع، وهذا الاختلاف جعل البعض ينظر إلى الإبداع على أنه عملية عقلية، أو إنتاج ملموس، ومنه من يعده مظهرا من مظاهر الشخصية مرتبط بالبيئة (غباري، وأبوشعيرة، 2010، 217).

ومن تعريفات الإبداع ما يأتي:

1- إنه عمليات الإتيان بجديد.

2- أن ترى ما لا يراه الآخرون.

3- تنظيم الأفكار وظهورها في بناء جديد انطلاقا من عناصر موجودة.

4ـ وعرفه رومي بكلمات بسيطة، بأنه القدرة على تجميع الأفكار والأشياء والأساليب في أسلوب وتقنية جديدة.

5ـ إنه الطاقة المدهشة لفهم واقعين منفصلين والعمل على انتزاع ومضة من وضعهما جنبا إلى جنب.

6- الإبداع طاقة عقلية هائلة، فطرية في أساسها، اجتماعية في نمائها، مجتمعية وإنسانية في انتمائها.

7ـ هوالقدرة على حل المشكلات بأساليب جديدة تعجب السامع والمشاهد (السويدان والعدلوني، 2007، 16، 17).

8- يعرف الإبداع بأنه إنتاج أفكار وآراء واستجابات غير شائعة وليست عادية وتتصف بالأصالة (عاقل، 1975، 690).

9ـ ويعرف أيضا بأنه عملية عقلية تتميز بخصائص:الحساسية للمشكلات والطلاقة والأصالة، والمرونة وتكون غير مألوفة ومتفردة (صالح، 1981 ، 51).

10- أما التفكير الإبداعي فيعرف بأنه عملية ذهنية معقدة ترفض المحددات والأطر التقليدية في التفكير، وتستهدف ابتكار طرق وأساليب جديدة قائمة على أساس ربط المتغيرات والأفكار بشكل فذ وفريد وأصيل (Webster، 123 1974: p).

11- ويـرى الكسـندر روشـكا أن (الإبـداع عبـارة عـن الوحـدة المتكاملـة لمجموعـة العوامـل الذاتيـة والموضـوعية، التـي تقـود إلى تحقيـق إنتـاج جديـد وأصـيل ذوقيمـة مـن الفـرد والجماعـة، والإبـداع

بمعناه الواسع يعني إيجاد الحلول الجديدة للأفكار والمشكلات والمناهج...) (السويدان والعدلوني، 2007، 18).

12- ويعرفه (سمبسون)بأنه (المبادرة التي يبديها الشخص بقدرته على الانشقاق من التسلسل العادي في التفكير إلى مخالفة كلية.

13- أما سميث فيرى أن العملية الإبداعية هي التعبير عن القدرة على إيجاد علاقات بين أشياء لم يسبق أن قيل أن بينها علاقات.

14- كما يرى هافل أن الإبداع (هوالقدرة على تكوين تركيبات أو تنظيمات جديدة) (السويدان والعدلوني، 2007 ، 18).

ويعرف الشخص المبدع بأنه ذلك الشخص القادر على إدراك العلاقات بين الأشياء بشكل يختلف عن الآخرين ويتمكن من إعادة صياغة المعلومات والخبرات في إطار أو أسلوب جديد (إبراهيم، 1979 ، 19).

إن اهتمام البشرية بالإبداع والمبدعين سواء في الدول المتقدمة أو النامية جاء نتيجة للحاجة في إيجاد حلول لمشكلات تلك المجتمعات، أو للانتقال إلى ما هوأفضل في المستوى والأداء الحضاري، قياسا بالمستوى الحضاري للإنسانية جمعاء.

يعد الإبداع جانبا مهما في العمل الإداري التربوي لأنه يوفر فرص البقاء والنمووالتطور، فعن طريقه يمكن إيجاد حلول للمشكلات التربوية من خلال اكتشاف بدائل جديدة لمعالجتها ومواجهتها. والإبداع يساعد الإدارة التربوية على توسيع إمكاناتها في تصور الآثار التي يمكن أن تحدثها القرارات في المستقبل. كما أن الإبداع في النظام التربوي وإداراته ومستوياته يسهم في رفع الكفاءة الإنتاجية لكل المخرجات التربوية من الناحيتين الكمية والنوعية ولمجمل النشاطات فيها.

ويبدو أن حاجة الدول النامية إلى الاهتمام بالمبدعين أكثر إلحاحا من الدول المتقدمة، وذلك للتوصل إلى حلول مبتكرة يمكن أن تواجه بها مشكلاتها الناجمة عن التحولات الاجتماعية والاقتصادية والسياسية والتربوية التي تمر بها والتي أصبحت أساسا في بناء

نهضتها وتقدمها.

ويعد الإبداع جزءا أساسيا ومهما في عملية التفكير لدى العاملين في مختلف المنظمات، ومنها المنظمات التربوية، وفي جميع الأنشطة التي تمارسها تلك المنظمات، ولذلك يكون هناك إبداع وابتكار وخلق وتجديد في العمليات الإدارية كالتخطيط والتنظيم والتوجيه والرقابة.

فقد كشفت الدراسات بأن الأفراد العاملون، والمنظمات، والمجتمع، هي أطراف أساسية في الاستفادة من الإبداع والابتكار بالإضافة إلى أصحاب العقول المبدعة والمبتكرة في مجالاتها التي تعمل فيها.

إن الإدارات والمنظمات التي ينقصها الفكر المبدع والخلاق تميل لأن تكون إداراتها متصفة بالصفات الآتية:

1- الأعمال والمهمات فيها محددة بشكل لا يسمح بالاجتهاد مطلقا.

2- تحدد مسؤوليات وصلاحيات الأفراد والعلاقات فيما بينهم بأساليب لا تمنحهم حرية اتخاذ أبسط القرارات.

3- تطبيق مجموعة من القواعد والإجراءات من دون أية مرونة.

4- تمنع حصول حالات تختلف فيها الآراء ووجهات النظر.

5ـ ترفض مناقشة ما يصدر عنها من قرارات.

6- تتوسع في تطبيق مبدأ التخصص الدقيق والضيق في ممارسة الأعمال، ولا يوفر تطبيق هذا الأسلوب فرص الإطلاع على الأعمال الأخرى حتى التي لها علاقة مباشرة بالعمل الذي يقوم به الفرد.

7- يلاحظ أن الأعمال فيها لا تتطلب مجهود فكري.

8- تطبق أنظمة رقابية صارمة.

9- ترفض التغيير (Robbins، 1976: p202).

صفات الأشخاص المبدعين:

إن جميع الناس الأسوياء يمتلكون قدرة على الإبداع والخلق والابتكار، بهذا المستوى أو ذاك وعلى المجتمع من خلال منظماته تشخيص المجال الإبداعي لكل فرد وتهيئة الظروف الملائمة التي تسهم في تطوير هذه الإمكانية والارتقاء بها إلى أفضل مستوى. ومن الملاحظ أن الفرد يبدع في الميدان أو المجال الذي يحظى باهتمامه عندما يتوفر له المناخ والبيئة المناسبة التي تمكنه من تفجير طاقاته الإبداعية (موسى، 1990 ، 116). ويتميز المبدعون بملامح سلوكية ونفسية تميزهم عن الآخرين بغض النظر عن أعمارهم وجنسهم وثقافتهم ومجالات عملهم، كما أن الأشخاص المبدعين مميزون باهتماماتهم ومواقفهم ودوافعهم أكثر من تميزهم بقدراتهم العضلية، وهذا ما كشفت عنه الدراسات التي تنأو لت هذا المجال (عاقل، 1975، 691).

والمبدعون يفضلون التعقيد، ويرفضون الأفكار الواضحة الثابتة البسيطة، وهم مميزون باندفاعهم وتحررهم من الأنماط والأفكار التقليدية. والمبدع لا يهتم كثيرا بالانطباع الذي يتركه تصرفه أو آراؤه عند الآخرين (1976: p 208،Robbins).

ومن خلال ما تقدم تتجلى صفات المبدعين بشكل عام بما يأتي:

1- يرفضون القبول بالأمر الواقع.

2- لا يقبلون جميع الآراء والأنماط السلوكية السائدة.

3ـ يؤمنون بالمستقبل ويعيشون من أجله.

4- يرفضون الرتابة في التفكير ويميلون للتجديد والتغيير.

5- لا يعرفون الخوف والقلق والتردد عندما يقدمون أفكارهم الجديدة ويعتمدون الصراحة.

6- أكثر استقلالا من الآخرين في تفكيرهم.

7- يسعون لتحقيق أعلى الانجازات.

8- لا ينصاعون للأوامر والتعليمات التي تحدد طريقة تفكيرهم ويميلون للتحرر في التفكير، ويرفضون الرقابة على الأفكار.

9- يمتازون بالقدرة على التكيف والمرونة.

10- يتمتعون بالطلاقة والقدرة على إنتاج أكبر عدد ممكن من الأفكار الجديدة.

11- يحسّون بالمشكلات ويدركونها بحس مرهف أكثر من الغير.

12- يمتلكون الأصالة في التفكير وطرح أفكار جديدة وغير معروفة.

13- يتصفون بالمثابرة والإصرار (رايز، 1980، 560).

إن تحديد هذه الصفات ومعرفتها يساعد الإداري التربوي في كيفية التعامل مع العاملين في هذا المجال، ويساعدهم في عمليات اختيار وتعيين الأفراد، وتحديد مسؤولياتهم والمهمات التي يمكن أن تناط بهم.

أما البحوث والدراسات فتشير إلى أهم صفات المبدعين وسماتهم العامة، وقد تتوفر كلها أو بعضها في الإنسان الذي لديه القدرة على الإبداع، وغياب بعضها لا يعني عدم القدرة على الإبداع، وإنما هي صفات مساعدة ومؤثرة. وعلى القائمين على التربية والتعليم والتدريب (الإدارة التربوية) اتخاذ الأساليب المناسبة لتنمية مثل هذه الصفات.

ويمكن تلخيص أهم هذه الصفات بما يأتي:

1 ـ صفات ذهنية وتتمثل بما يأتي:

- يمتلك قدرة عالية على التفكير الإبداعي ويحب التجديد.

- يمتلك ذاكرة قوية في بعض الأمور، وقادر على الإلمام بالتفاصيل (فيما يهتم به).

- مثقف ولديه معرفة واسعة.

- يحتاج إلى فترات تفكير طويلة.

- يفضل التعامل مع الأشياء المعقدة والمتنوعة والتي تحمل أكثر من تفسير.

- يعتمد على الملاحظة الشديدة لكل المسارات والأساليب للموضوع الذي يهمه.

- لديه قدرة عالية على تلخيص الآراء.

- يحب البحث والتفكير والتأمل الذهني.

- يركز على النقد البناء.

- لديه قناعات أساسية خاصة به.

- يهتم بالأشياء التي تحمل الشك ولا يمكن التنبؤ بها.

- دائم التساؤل.

- متعدد الميول والاهتمامات.

- يقترح أفكارا قد يعتبرها الآخرون غير معقولة.

- يتمتع بالاستقلالية في التفكير والرأي.

- يحب الأمور الفلسفية.

- يحب الأمور الغريبة والجديدة.

- يحب الشعر الغريب والتشبيهات والاستعارات.

- يسأل كثيرا.

- يفكر بشكل أفضل في فترات الهدوء والفراغ.

- بطيء في تحليل المعلومات سريع في الوصول للحل.

2- صفات نفسية وتتمثل بما يأتي:

- تكيف بسرعة مع المتغيرات وهوناجح في ذلك.

- يحب التميّز بعمله ولا يقلد الآخرين.

- متفائل بطبيعته.

- يعتمد كثيرا على أحاسيسه ومشاعره.

- يتميز بالصمود والثبات أمام المشكلة.

- مهتم ومتحمس لأفكاره ومشروعاته الشخصية ومصمم على تنفيذها.

- قادر على تنفيذ ما يريد بثقة عالية.

- قوي الإرادة والتصميم.

- لا يستسلم بسهولة، عنيد لا يتخلى عن رأيه بسهولة.

- يتحمل المسؤولية في الأمور التي يحبها ولديه القدرة على ذلك.

- يبادر بالعمل ومستعد لبذل الجهد فيما يحب.

- يمتلك طموح عالي جدا ويعمل بجدية لتحقيقه مهما تكن الظروف.

- لديه شعور بأن عنده مساهمات خاصة.

3 ـ أما الصفات العملية التي يتصف بها المبدع فهي تتمثل بما يأتي:

- يهوى المغامرة ويحب التجريب ويعتبره ميدانه المفضل.

- يتضجر من القيام بالأعمال الروتينية.

- يحب الأعمال التي تتصف بالتحدي ويحترمها.

- قادر على التعامل مع المواقف الغامضة وحل المشكلات.

- متابع لأفكاره بجدية ولا يحيد عنها.

- دائما يسعى إلى تحسين عمله بدون كلل أو ملل.

- يكره العمل في مواقف تحكمها قواعد وتنظيمات صارمة، ويكره التعامل بالرسميات.

- يتساءل عن تطبيقات النظريات والمبادئ القائمة.

- منهمك بحيث تكون أو راقه فيها فوضى وعدم ترتيب.

- يحب السفر والتجوال من مكان إلى آخر.

- لا يحب هواية جمع الأشياء كالطوابع وغيرها مثلا.

- يحل المشاكل دون التأكد من كيفية الحل.

- همه أن يتناسب عمله مع رغبته وليس العكس.

- يحب اللعب والتسلية والمرح.

- يؤدي التكاليف في الوقت والكيفية التي تناسبه.

4ـ الصفات الإنسانية التي يتمثل بها المبدع هي ما يأتي:

- يستطيع مقاومة ضغوط الجماعة بتفوق ومطمئن لذلك.

- حساس ولديه روح الدعابة والفكاهة.

- مهذب وصريح ومستقل ولا يرغب السلطة أو التسلط.

- يفضل العمل في بيئة تنطوي على مقومات العمل، ويعمل حتى لوقأو مه الآخرون.

- يحتاج إلى اعتراف الآخرين بقدراته الإبداعية.

- يحب الجمال ويستمتع به.

- صبور على الصعاب والمشاكل وزحمة العمل مع الآخرين.

- شجاع ومقدام في المواقف التي يعتقد بها.

- منفتح على التجارب الإنسانية وعلى المحيط الخارجي.

- يشعر بقدر كبير من الفرح والسرور عندما يمارس العمل الذي يبدع فيه.

(السويدان والعجلوني، 2007، 50 ـ 54).

إن المدير المبدع يعي ويقدر العوامل اللازمة لإيجاد بيئة إبداعية في العمل. فبالإضافة إلى كونه يتمتع بصفات الشخص المبدع فهو يقوم بإتباع أسلوب إداري يعكس ويترجم هذه الصفات في عمله الإداري والتربوي، وهذا المدير عادة ما يتصف بالسمات التالية:

- القدرة والحماس على تبني مشاريع جديدة.

- مجازف لتجريب أفكار جديدة مصدرها العاملون في المؤسسة التربوية.

- الثقة بقدرة العاملين على الإبداع إذا ما أعطوا الفرصة والدعم والتشجيع.

- تفهم عملية الإبداع والقدرة على مساعدة العاملين على تخطي العقبات التي تقف حجر عثرة في طريقهم.

- الإحساس والتقدير لحاجات العاملين وآمالهم.

- القدرة على إلهام الآخرين وجعلهم يثقون بأنفسهم، وتقديم الدعم المعنوي لهم.

- يحترم الفروق الفردية والقيم الشخصية للعاملين.

- المعرفة والكفاءة في العمل التربوي.

- اللباقة والصبر والقدرة على وصف السلوك بدلا من تقييمه.

- الإيمان بأهمية الحوافز المادية والمعنوية للعمل الجيد.

- القدرة على بناء احترام النفس والتقدير الشخصي لدى الآخرين.

إن البيئة الإبداعية تهدف إلى مساعدتنا للذهاب بعيدا عن كل ما هوعادي ومألوف، ونحاو ل الإجابة عن الأسئلة اليومية التقليدية التي نسألها لأنفسنا أو يسألها الآخرون بإجابات غير مألوفة. إننا نبحث في هذه البيئة عن الرؤية الأفضل وحل المشكلات حلا جذريا بحيث نتخلص من الجهود المكررة والمستمرة في السعي لحل نفس المشكلات في كل مرة. والبيئة

الإبداعية المناسبة (بعناصرها الأساسية: الشخصية المبدعة، وإدارة عملية الإبداع، والإنتاج المبدع)هي التي تتيح فرصة حية للتلاقح الفكري وتوليد أفكار جديدة، ولذا ينبغي أن تتصف البيئة الإبداعية بثلاث صفات رئيسة هي: الاتجاه التجريبي، وامتلاك روح المرح، والتلقائية والعفوية.

وللبيئة أو المناخ تأثير على الفعّالية الإبداعية، وهذا ما يشير إليه (بوير، 1987) حيث يعتبر أن الأفكار الجديدة المبتكرة غالبا ما تموت قبل ولادتها أو قبل وصولها إلى التحقيق بسبب أربعة عوامل:

1ـ القصور وعدم القدرة على تبيان الفكرة وإظهارها.

2ـ الخوف من النقد خشية أن تكون الفكرة قد أخذت طريقها من قبل الآخرين وبالتالي تعد مسروقة.

3ـ الإحساس بعدم صلاحية ومشروعية الفكرة من أجل استخدامها العلمي.

4ـ عدم القدرة على استغلال اللحظة المناسبة لظهور مثل هذه الفكرة (السويدلن والعدلوني، 2007 ، 74).

التفكير الإبداعي والتفكير الاعتيادي:

إن العقل هومركز الإبداع، وهوالذي يمثل مركز التفكير لدى الإنسان، وهوالمصنع الذي يلتقط المواد الخام (من خلال قنوات اتصاله بالعالم الخارجي من بصر وسمع ولمس وشم وتذوق) فيختبرها ويحللها ثم يفرزها ويوزعها على خلايا المخ التخزينية، وهومنبع الابتكار والأفكار، وعنصر هام من عناصر العملية الإبداعية في الإنجاز.

إن للتفكير الإبداعي في الإدارة ومنها الإدارة في النظام التربوي يتميز بعدد من الأساليب الفكرية تختلف عن التفكير الاعتيادي وفيما يأتي عرض مقارنة بين هذين النمطين من التفكير في الإدارة:

التفكير الإبداعي	التفكير الاعتيادي
1ـ إنتاج أفكار وأساليب وطرق جديدة جديدة تستهدف التغيير	1ـ لا ينتج أفكارا وأساليب وطرقا وإنما ينتخب بديلا من بين البدائل المتاحة
2ـ لا يؤمن أصحاب التفكير الإبداعي بوجود حل واحد مناسب فقط ولذلك يحاولون إيجاد حلول أفضل.	2ـ يؤمن أصحاب التفكير التقليدي بفكرة الحل الوحيد لا يبحثون عن بدائل جديدة
3ـ لا يؤمن بعدم وجود حل للمشكلات	3ـ يؤمن بأن هناك مشكلات لا حل لها
4ـ التفتيش عن الأسئلة وصولا إلى ابتكار.	4ـ البحث عن الإجابات.
5ـ الاستمرار في إنتاج الأفكار لنفس المشكلة.	5ـ عدم الاستمرار في إنتاج الأفكار لنفس المشكلة.
6ـ إن النتائج تأتي بعد الإثبات.	6ـ إن النتائج يمكن أن تأتي قبل الإثبات.
7ـ يقبل كل الأفكار ويجربها ولا يرفض أي فكرة تطرأ على العقل	7ـ يركز في الأفكار التي لها صلة بموضوع المشكلة.

8ـ إجراءاته تقوم على فكرة الخلق ثم التقويم.	8ـ إجراءاته تقوم على فكرة التقويم ثم الخلق.
9ـ يستهدف تحقيق الحد الأعلى للابتكار حتى وإن كانت نتائجه غير مضمونة.	9ـ يستهدف تحقيق الحد الأدنى للابتكار ولكن نتائجه مضمونة.
10ـ عملية التفكير الإبداعي صعبة ومعقدة لذا فهي متعبة ومرهقة.	10ـ عملية التفكير التقليدي سهلة وغير معقدة.
11ـ التدريب ينمي التفكير الإبداعي.	11ـ التعليم ينمي التفكير الاعتيادي.
12ـ يستخدمه الإنسان بحدود 5% من وقته تقريبا.	12ـ يستخدمه الإنسان بحدود 95% من وقته تقريبا.
13ـ ترك الأفكار والمفاهيم القديمة.	13 ـ البقاء على الأفكار والمفاهيم.
14ـ دراسة المشكلة من طرق متعددة.	14ـ دراسة المشكلة من طرف واحد.

15ـ يقوم على (فكرة إيجاد طرق أخرى للنظر إلى الأشياء).	15ـ يقوم على فكرة (هذا هو الطريق الأفضل للنظر إلى الأشياء).
16ـ ليس من الضروري أن تكون كل خطوة صحيحة المهم أن تكون هناك تجربة للخطوة الصحيحة والخطوة الخطأ.	16ـ من الضروري أن تكون كل خطوة من خطوات التفكير صحيحة للانتقال إلى الخطوة التالية.
17ـ إجراءاته مفتوحة لا نهاية لها وصولا إلى الجديد.	17ـ إجراءاته مغلقة.

مواطن الإبداع في الإدارة:

عند الحديث عن مجالات الإبداع بشكل عام يمكننا القول إن منشآت الأعمال تستطيع القيام بأعمال إبداعية خلاقة في جميع الأنشطة التي تزأو لها وما عليها إلا أن توفر المتطلبات التي تمكنها من تحقيق أفضل النتائج من الأفكار الإبداعية التي يقدمها العاملون وأفراد المجتمع لتلك المنظمات (موسى، 1990، 114).

وإن المصادر التي يمكن النظر إليها عند البحث عن مجالات الإبداع، كما أشار إلى ذلك (بيتر دراكر في كتابه (التجديد في المؤسسات)، 1985 نجدها في:

1ـ النجاحات غير المتوقعة.

2ـ الفشل غير المتوقع.

3ـ الأحداث الخارجية.

4ـ نقاط الضعف.

5ـ تغير في قواعد اللعبة.

6ـ توقعات الجمهور.

7ـ المعارف الجديدة (السويدان والعدلوني، 2007 ، 75).

كيفية الحصول على الأفكار الإبداعية في الإدارة:

تستطيع المنظمات بما فيها المؤسسات التربوية الإدارية الحصول على الأفكار الإبداعية الخلاقة من خلال

ما يأتي:

1ـ توظيف أفراد مبدعين وتوفر لهم جميع المستلزمات المادية والمعنوية اللازمة لهم لتمكنهم من الإبداع.

2ـ الحصول على الأفكار الإبداعية من المنظمات المتخصصة في الاستشارات والتطوير الإداري والفني أو مراكز البحوث المتخصصة.

3ـ تدريب الأفراد ليكونوا أكثر قدرة على الإبداع والخلق والابتكار.

4ـ الاستفادة من الأفكار الإبداعية في المنظمات الأخرى وتطويرها من خلال إجراء بعض التغييرات عليها بهدف جعلها تنسجم مع احتياجات المنظمة (Bone،p 154).

معوقات الإبداع في الإدارة التربوية:

إن أهم العوامل التي تعيق عملية النموالإبداعي في العمل الإداري التربوي تتمثل بما بأتي:

1ـ المقأو مة الاجتماعية للأفكار الجديدة بسبب تعود أفراد المجتمع على التفكير في إطار معين.

2ـ الخوف والقلق من فشل الأفكار والأساليب الجديدة.

3ـ إذا كانت خبرة وثقافة القيادة الإدارية محدودة أو كانت الإدارة غير ديمقراطية.

4ـ عدم تقديم الحوافز المعنوية والمادية للمبدعين.

5ـ عدم توفير المستلزمات والتسهيلات المادية اللازمة للإبداع والابتكار.

6ـ هناك بعض من المجتمعات ترفض المبدعين، وقد تفرض عليهم عقوبات.

دور الإدارة التربوية في تنمية الإبداع والتفكير الإبداعي:

تستطيع الإدارة التربوية التغلب على معوقات التنمية الإبداعية من خلال ما يأتي:

1- رعاية المبدعين، وتعد هذه الرعاية هدفا تربويا وتعليميا، وتقويم ما يتحقق من هذا الهدف.

2ـ اعتماد خطة شاملة لاكتشاف المبدعين من المعلمين والطلاب، ورعايتهم واستثمار إبداعاتهم وتقديرها.

3ـ تعليم الإبداع والتشجيع على ممارسته من خلال برامج تعليمية تعد لهذا الغرض في جميع مراحل التعليم.

4- تعديل وتطوير المناهج الدراسية لتصاغ بطرق تفجر وتنشط القدرات الإبداعية لدى الطلاب.

5- توفير مناخ تعليمي، تعلمي، اجتماعي يشجع على تنمية القدرات الإبداعية بين المعلم وطلابه وبين المعلم والإدارة التربوية.

6- تطوير برامج خاصة لإعداد المعلمين المبدعين والاستمرار في تدريبهم ونموهم المهني (الزهيري، 2008، 148).

الدوافع الإبداعية في الإدارة التربوية:

إن رجل الإدارة التربوي يمكنه أن يكون مبدعا لوعرف الطريق إلى ذلك واستطاع تنمية الدوافع التي نكمن وراء عمله الإبداعي، ويمكن تصنيف هذه الدوافع إلى ما يأتي:

1- الدوافع الداخلية وتتمثل بما يأتي:

أ - الرغبة في تقديم مساهمة مبتكرة وقيمة وصياغة جديدة مبتكرة في عمله الإداري.

ب- الحماس في تحقيق الأهداف الشخصية (يجب أن أكون مفيدا للمجتمع).

ج- الرغبة في معالجة الأشياء الغامضة والمعقدة.

د - الرغبة في تجريب أكثر من مجال في العمل.

هـ - الحصول على رضا النفس وتحقيق الذات.

و - الإبداع يعطينا مجالا لإشباع الحاجات الإنسانية بطريقة أحسن وأفضل من السابق ويساعدنا على الوصول إلى أهدافنا وتحقيقها بطريقة أسهل وأفضل.

2- الدوافع الخارجية وتشمل:

أ- الحاجة إليه في مجالات العمل المختلفة.

ب- الحيوية والنمويحتاجان إلى ومضة إبداع وليس على مجرد المتابعة التحليلية للفكرة الخلاقة.

ج- التصدي للمشكلات العامة والخاصة في العمل الإداري يتطلب الإبداع.

د- حاجة العالم إلى صنع الأحداث بطريقة إبداعية.

هـ- التقدم والازدهار في المجال الإداري التربوي مرتبط بقدراتنا الإبداعية.

3- دوافع مادية ومعنوية وتتمثل:

أ- الحصول على رضا اللـه سبحانه وتعالى.

ب- خدمة الأمة والوطن.

ج- الحصول على قبول الناس ورضاهم.

د- الحصول على مكافآت مالية.

هـ- الحصول على درجة وظيفية متقدمة.

و- الحصول على مرتبة علمية مرموقة.

ز- الحصول على تقدير وثناء وسمعة وشهرة.

4- دوافع خاصة بالعمل الإبداع:

وتأتي من خلال الرغبة الشديدة في إيجاد الفكرة والحصول عليها. يقول (شارلي شابلن): على مدى الأعوام اكتشفت أن الأفكار تأتي من خلال الرغبة الشديدة في إيجاده، والرغبة المتصلة تحول العقل إلى برج مراقبة يفتش عن الجديد في الملابسات التي تثير الخيال، فقد يؤدي مشهد غروب الشمس إلى إلهام بفكرة جديدة (السويدان والعدلوني، 2007 ، 25).

وتستطيع الإدارة التربوية والمدرسية تنمية الإبداع داخل مؤسساتها من خلال:

أ- تصميم برامج تدريبية خاصة لتنمية الإبداع والتفكير الإبداعي.

ب- استخدام بعض الأساليب والوسائل التربوية مع المناهج المستخدمة بعد تطويرها ومنها: الأنشطة مفتوحة النهاية، وطريق التقصي والاكتشاف وحل المشكلات، واستخدام الأسئلة المتشعبة والتحفيزية، وتمثيل الأدوار.. الخ (الزهيري، 2008، 149).

أساليب تنمية التفكير الإبداعي في الإدارة:

إن أساليب تنمية التفكير الإبداعي تتمثل بما يأتي:

1ـ عصف الأفكار في الإدارة:

يعد أليكس أسبورن (A.F. Osborn) الأب الشرعي لطريقة العصف الذهني في تنمية التفكير الإبداعي ن حيث جاءت هذه الطريقة كرد فعل لعدم رضاه عن الأسلوب التقليدي السائد آنذاك وهو(أسلوب المؤتمر)والذي يعقده عدد من الخبراء يدلي كل منهم بدلوه في تعاقب أو تناوب، مع إتاحة الفرصة للمناقشة في نهاية الجلسة، وذلك لما كشف عن هذا الأسلوب التقليدي من قصور في التوصل إلى حل كثير من المشكلات الصعبة أو المعقدة ذات الطابع المجرد (السويدان والعجلوني، 2007، 98).

لقد أو ضح أو سبورن أن أسلوب عصف الأفكار في تنمية التفكير الإبداعي يمكن تطبيقه في جميع المجالات وخاصة تلك التي لها علاقة بإدارة المنظمات، حيث يمكن استخدامه في كل موقف يحتاج إلى العديد من الأفكار لحل المشكلات، وهذا ما أثبتته الدراسات اللاحقة بخصوص مجالات تطبيقه في الإدارة (موسى، 1990، 122).

إن أسلوب عصف الأفكار يقوم على حقيقة مهمة مفادها أن الإبداع لا ينموفي بيئة ينتشر الإحباط بين أفرادها، حيث تجهض كل المحأو لات الإبداعية في مثل هذه البيئة، كما أن الروح المعنوية للجماعة التي يعيش بينها الفرد تعد من أهم العوامل التي تسهم في تطوير الإبداع، وهذا ما أكده العالم أو زبورن في كتابه الخيال التطبيقي عام 1957 (1977:p236،Reitz).

ويمكن اعتبار العصف الذهني، وسيلة للحصول على أكبر عدد من الأفكار من مجموعة من الأشخاص خلال فترة زمنية وجيزة، وتعتبر إستراتيجية العصف الذهني من أكثر الأساليب شيوعا من حيث الاستخدام بغرض حل المشكلات بطريقة إبداعية (السويدان والعدلوني، 2007: ص 99). ويمكن الاستفادة من هذا الأسلوب في حل كثير من المشكلات التربوية والمدرسية من قبل المديرين بأسلوب إبداعي وإبتكاري.

لقد بين أوزبورن أن أسلوب عصف الأفكار في تنمية التفكير الإبداعي يمكن تطبيقه في جميع المجالات وخاصة التي لها علاقة بإدارة المنظمات حيث يمكن استخدامه في كل موقف

يحتاج إلى العديد من الأفكار لحل المشكلات، وقد أثبتت الدراسات اللاحقة صحة ما ذهب إليه أو سبورن بخصوص مجالات تطبيق عصف الأفكار في الإدارة.

ويقوم أسلوب عصف الأفكار على المبادئ:

أ- إن المجموعة تمتلك خصائص تمكنها من الإبداع والخلق أكثر مما يمتلك الفرد.

ب- الاهتمام بكمية الأفراد وليس بنوعيتها بهدف إتاحة الفرصة لاختيار الأفضل منها.

ج-عدم تقويم الأفكار التي يطرحها الأفراد كي لا يوجه النقد واللوم لأصحاب الأفكار الجديدة ويتولد لديهم الخوف والتردد في طرح الأفكار في المستقبل.

د- تشجيع التلقائية في إنتاج وتوليد الأفكار.

هـ- تشجيع أية محاولة لإنتاج أفكار جديدة حتى وإن كانت الأفكار المطروحة غير مألوفة وغريبة وبعيدة عن المشكلة.

و- تنمية الأفكار وزيادة عناصر أخر عليها وربطها بغيرها من الأفكار.

ز- إن تشابه أفراد المجموعة وتجانس خبرات ومعلومات الأفراد لا يعد من العوامل التي تؤثر في إنتاج وتوليد الأفكار.

ي- يفضل أن يكون جلوس أفراد المجموعة في جلسات توليد الأفكار على شكل شبه دائرة وأن تكون الجلسة بعيدة عن الرسميات خلال المناقشات كي تتاح لكل فرد الحرية في اقتراح كل ما يتبادر لذهنه من أفكار (Kuber، 1978: p148).

2ـ التعاو ن الفكري:

إن أسلوب التعاون الفكري هوعملية جماعية حيث يشترك في توليد وإنتاج الأفكار الإبداعية مجموعة من الأفراد لدراسة المشكلة موضوع البحث وبحضور الجهة التي قدمت المشكلة للدراسة لتتولى توضيح أبعاد المشكلة وعناصرها للمشاركين لدراستها وتقديم المقترحات لحلها، وعلى الجهة المستفيدة أخذ تلك المقترحات وتحليلها وتوضيح الجوانب

الإيجابية لكل مقترح في ضوء إمكاناتها ثم يطلب من المجموعة أن تقدم مقترحات أخرى للحل وهكذا إلى أن يتم إيجاد البديل الأفضل لحل المشكلة (Kur،p149 :1978).

3ـ برامج التدريب على الإبداع:

قامت الدول المتقدمة بإنشاء مراكز تدريبية متخصصة تتولى تنمية القدرات الإبداعية، وتوصلت هذه المراكز إلى تحديد المبادئ الرئيسة للتدريب على الخلق والإبداع. كما ابتكرت أساليب ومناهج تساهم في التحكم في ظهور الأصالة في التفكير لدى الأفراد وقد اختبرت تلك الأساليب والمناهج في مواقف مصطنعة (إبراهيم، 1979، 147).

إن أهم النتائج التي توصلت إليها المراكز ما يأتي:

- إعطاء الدعم والمحفزات للأفراد والعاملين يسهم في تنمية الإبداع.
- الأصالة في التفكير يمكن تعليمها للأفراد.
- التشجيع على أعطاء المقترحات والاستجابات المبتكرة يؤدي إلى زيادة ظهور مقترحات جديدة لدى الأفراد.
- تعليم الأصالة في التفكير في موضوع معين يؤدي إلى زيادة إمكانية ظهور الأصالة في التفكير في الموضوعات الأخرى لدى الفرد (إبراهيم، 1979، 151 ـــ152).

4ـ أسلوب القبعات الست:

إن المكتشف والمبدع لهذا الأسلوب، والذي يعد من الأساليب الشائعة لتنمية الإبداع وتحسين التفكير عموما، هوالطبيب البريطاني (إدوارد دي بونو) الذي انتقل في تخصصه من جراحة المخ إلى الفلسفة، واستعمل معلوماته الطبية عن المخ وأقسامه وعمله في تحليل أنماط الناس، وصار (دي بونو) أشهر اسم في العالم في مجال التفكير وتحليله وأنماطه، واخترع عدة نظريات في هذا المجال ومن أشهرها (التفكير الجانبي)، و(القبعات الستة)، والتي حظيت باهتمام الكثير من الدارسين والمهتمين بجوانب الإبداع المختلفة ومنها الإبداع الإداري.

وتقوم طريقة القبعات الستة على تقسيم التفكير إلى ستة أنماط، واعتبار كل نمط كقبعة

يلبسها الإنسان أو يخلعها بحسب طريقة تفكيره في تلك اللحظة، ولغرض تسهيل الأمر فقد أعطى دي بونولونا مميزا لكل قبعة حتى يمكن تمييّزه وحفظه بسهولة. وهذه الطريقة تقسم التفكير إلى أنماط متميزة بحيث يستطيع المبدع أو المفكر أو المحلل أن يستخدم كل نمط متى شاء، أو أن يحلل طريقة تفكير المتحدثين أمامه بناءا على نوع القبعة التي يرتدونها.

اعتقد (دي بونو) أن هذه الطريقة تعطي الإنسان في وقت قصير قدرة كبيرة على أن يكون متفوقا وناجحا في المواقف العملية والشخصية، وفي نطاق العمل بكل أنماطه أو في نطاق المنزل، وأنها تحول المواقف السلبية إلى مواقف إيجابية، والمواقف الجامدة إلى مواقف مبدعة، وإنها طريقة تعلمنا كيف ننسق العوامل المختلفة للوصول إلى الإبداع (السويدان والعدلوني، 2007: ص 101). ويمكن الاستفادة منها في مجالات العمل الإداري التربوي.

5 ـ أسلوب الأدوار الأربعة:

ومفاد هذا الأسلوب قائم على أساس أن الناس يحتاجون أحيانا إلى صدمة يستفيقون فيها من النمطية الفكرية التي اعتادوا عليها إلى النظرة الأوسع والأبعد، والتي تجعلهم يبصرون الأمور برؤية جديدة، وبعيدة عن الرتابة والروتين الممل، فيكتشفون العالم من حولهم بأفكار جديدة، ويشكلون هذه الأفكار ويكونوها بشكل جديد ومختلف، ومن ثم يسرعون إلى تنفيذها وتطبيقها لينتجوا منها إبداعا يضاف إلى إنجازات الفرد أو المجتمع أو الإنسانية، وإن مثل الأسلوب قد يحتاجه الكثير من القادة الإداريين في مختلف المنظمات والمؤسسات ومنها المؤسسات التربوية.

أما العناصر الأساسية لهذا الأسلوب: فهي تقوم على فكرة تقمص أربع شخصيات أو أدوار أساسية في الحياة هي:

- شخصية المستكشف: والتي تقود إلى البحث عن الفكرة الجديدة.

- شخصية الفنان: والتي تقود إلى تكوين الفكرة الجديدة.

- شخصية القاضي: والتي تقود إلى الحكم على الفكرة الجديدة.

- شخصية المحارب، والتي تقود إلى تطبيق الفكرة الجديدة. (السويدان والعجلوني، 2007، 120).

6ـ أسلوب التركيز العقلي:

ويقوم هذا الأسلوب على التركيز على التمارين التي تزيد من قدرة العقل على التركيز وهي كما يأتي:

- الجلوس أمام ساعة تحتوي على مؤشر ثوان.

- استرخاء لبضع دقائق، وتركيز انتباه على حركة مؤشر الثواني بسرعة.

- لى مدى دقيقتين، ركز انتباهك على المؤشر وكأن العالم من حولك قد توقف وتلاشى.

- أبق على تركيزك لمدة دقيقتين.

- توقف عن القراءة الآن.. أو جد لنفسك ساعة تستعملها لهذا التمرين.

- أبدأ الآن.

ويؤكد (ووجيك)أن الإنسان غير قادر على التركيز بلا سرحان لأكثر من بضع ثوان، والمهارة في اجتياز هذا التمرين تكمن في إيجاد إيقاع عقلي داخلي يعود بتركيزك إلى بؤرة الاهتمام كلما بدأ عقلك بالتفكير المشتت. وبتكرار التمرين تزداد مدة التركيز تدريجيا مما يجعلك قادرا على تغيير التمرين قليلا، فمثلا يمكنك وضع الساعة على التلفزيون والتركيز على مؤشر الثواني دون الانتباه لما يبث على التلفزيون، أو يمكنك تقسيم التركيز بين الساعة ويدك، أو القيام بالعد التنازلي بصمت أثناء التركيز على المؤشر، أو استرجاع أبيات من الشعر في عقلك الباطني والتركيز على المؤشر معا (السويدان والعدلوني، 2007، 130).

مراحل العملية الإبداعية:

يرى البعض أن الإبداع يحدث في لحظة إلهام يتركز فيها فكر الإنسان فجأة في شيء معين وفي تلك اللحظة يختل التوازن حيث يتجه فيها الفكر نحوشيء جديد. وتحدث هذه اللحظة بشكل غير متوقع وأن مجيئها غير مرهون بدعوتها، وفيها يكون الفرد مصابا بأزمة انفعالية تجعله بعيدا عن العمليات العقلية الاعتيادية للوعي ويمتلك الفرد في تلك اللحظة من حيث لا يعلم القدرة على الإبداع والخلق والابتكار (صالح، 1981، 36).

ويرى آخرون أن الإبداع لا يأتي في لحظة إلهام وإنما يتمكن الفرد من الإبداع بعد جهد جهيد، وأن العملية الإبداعية تمر بمراحل متعددة منذ بداية نشأتها وحتى اكتمالها، ويؤكدون أن لحظة الإلهام ما هي إلا مرحلة من عدة مراحل في العملية الإبداعية (صالح، 1981 ، 8).

وإن العملية الإبداعية تمر بالمراحل الآتية:

1- مرحلة التهيؤ والإعداد والتحضير (Preparation).

2- مرحلة الاحتضان (الكمون أو الاختمار)(Incubation).

3- مرحلة التبصر (Insight).

4- مرحلة التحقق (Verification)(Reitz،241 -p238 :1977).

1- مرحلة الإعداد:

ويتم في هذه المرحلة جمع المعلومات وإدارة المناقشات وجمع الشواهد والأدلة ودراسة المصادر التي لها علاقة بالفكرة بهدف جمع المعلومات الضرورية واكتساب الخبرة والمهارة، وكذلك معرفة الأساليب التي يتمكن من خلالها دراسة المشكلة وتحديد أبعادها باعتبار أن الإبداع والخلق لا يأتي إلا بعد جهد متواصل يبذله من يمتلك الخبرة والمعرفة والإطلاع الواسع على المجالات التي لها علاقة بموضوع المشكلة.

إن أهم النشاطات الأساسية التي يمكن أن يقوم بها المبدع في هذه المرحلة هي:

أ ـ خلق الاتجاه الإبداعي العام وبلورة الشروط والظروف الأو لية للإبداع.

ب ـ تحديد جانب معين والاهتمام به.

ج ـ التهيؤ للعملية الإبداعية وجمع المعلومات والبيانات المطلوبة ودراستها واستيعابها.

د ـ العمل المكثف والموجه لتوفير كل ما يمكن أن يؤيد الأفكار الإبداعية من أدلة.

وإن قيام المبدع بهذه النشاطات والوظائف، واستخدام التفكير التحليلي لدراستها واستيعابها وإثرائها هو لغرض تعريف وتحديد المشكلة بطرق مختلفة عن المألوف.

2 ـ مرحلة الاحتضان (الكمون أو الاختمار):

وهي فترة استرخاء (Relaxation) بعد الجهود المركزة التي بذلها خلال مرحلة الإعداد والتهيؤ حيث تترك المشكلة في الفكر بصورة لا إرادية بهدف إتاحة الوقت لمناقشة الأفكار والعقبات التي تواجه أو ترفض الأعمال الإبداعية الجديدة.

وتتاح الفرصة للمبدع في هذه المرحلة لالتقاط أفكار إضافية لكي تصبح الفكرة الأصلية محددة الإطار واضحة المعالم والمعنى وقد يقوده ذلك في بعض الأحيان إلى تغيير اتجاهاته الفكرية. ويمكن القول أن هذه المرحلة هي التي تكون فيها الأفكار آخذة بالتخمر لكي تصبح ناضجة فيما بعد. وترجع أهمية هذه المرحلة إلى أنها تعطي العقل فرصة للتخلص من الشوائب والأفكار الخطأ التي يمكن أن تعوق أو ربما تعطل الأجزاء الهامة فيها.

3ـ مرحلة التبصر:

وفي هذه المرحلة يبدأ إدراك الأفكار الإبداعية والشعور بها وإيجاد الحلول للمشكلات، ولذلك تمثل هذه المرحلة المسوّغ للقيام بالأعمال المطلوبة في مرحلتي التهيؤ والحضانة، وتتم في مرحلة التبصر التقدم نحو الخلق والإبداع، وفيها يبدأ الفكر بالابتعاد عن المألوف والتقاط

الأفكار الإبداعية.

إن التبصر هوفي الغالب العنصر الذي يمثل شحنة الإحساس (Emotion- packed) في العملية الإبداعية. كما أنه في هذه المرحلة تتضح معالم الفكرة الإبداعية الخلاقة وتستقر في عقل المفكر. وهذا هوالهدف الذي يسعى إليه المبدع.

4ـ مرحلة التحقق:

يتم في مرحلة التحقق جعل الفكرة التي تم التوصل إليها في مرحلة التبصر في أجمل صورها حيث يجري فحص مدى صحة وفائدة الأفكار الإبداعية التي تم التوصل إليها لوضعها في صورة يمكن أن يستفيد منها المجتمع. وقد يقوم المبدع بإجراء تصحيح أو تعديل على الأفكار التي التقطها في مرحلة التبصر.

ومن خلال ما تقدم يتأكد أنه من دون عملية التحقق لا يمكن أن يكون هناك إبداع، حيث يتم في هذه المرحلة وضع العمل الإبداعي موضع التطبيق وإيصاله إلى الآخرين. على شكل سلع أو خدمات أو أفكار.

متطلبات تطوير الإبداع في الإدارة التربوية:

إن أسباب تبني الإبداع في المنظمات ومنها النظام التربوي يمكن إيجازها بما يأتي:

1ـ الظروف المتغيرة التي تعيشها المنظمات اليوم، سواء أكانت ظروف سياسية أو ثقافية أو اجتماعية أو اقتصادية، والتي تحتم على المنظمات الاستجابة لهذه المتغيرات بأسلوب إبداعي يضمن بقاء المنظمة واستمرارها.

2ـ يحتم الإبداع الفني والتكنولوجي على المنظمات أن يستجيبوا لهذه الثورة التكنولوجية وما يتطلبه ذلك من تغييرات في هيكل المنظمة وأسلوب إدارتها بطرق إبداعية أيضا، مما يمكنها زيادة إنتاجيتها كما ونوعا (غباري، وأبوشعير ن 2010، 224، 225).

يمكن تطوير عمليات الإبداع في الإدارة التربوية من خلال ما يأتي:

1- الإيمان بأهمية الإبداع في تطوير الخدمات ومخرجات النظام التربوي.

2- توفير الأموال اللازمة للقيام بعمليات البحث والتطوير وتطبيق الأفكار الإبداعية.

3ـ تكريم المبدعين ماديا ومعنويا.

4- إتاحة الفرص للمبدعين لتطوير قابليتهم في حقل الاختصاص.

5ـ خلق مناخ تنظيمي واجتماعي ملائم يسهم في تطوير وتشجيع عمليات الإبداع في النظام التربوي.

6ـ خلق قيم وممارسات وتقاليد تقبل التغيير الهادف وتشجع الإبداع. (موسى، 1990: 129).

معوقات الإبداع في غرفة الصف:

إن أهم معوقات الإبداع الصفي تأتي من خلال:

التمسك باستخدام أساليب التدريس التقليدية

عدم الاستفادة من نتائج بحوث الإبداع الحديثة.

تغطية المادة التعليمية مقابل تعلمها: حيث أن تكدس المقرر الدراسي يعوق غالبا المعلمين عن تنمية القدرات الإبداعية لدى الطلاب.

خلو معظم المناهج من مثيرات الإبداع وأنشطته.

اعتقاد بعض المعلمين أن القدرات الإبداعية لدى الطلاب موروثة وأن أثر بيئة التعلم لها أثر قليل في تنمية القدرات الإبداعية.

عوامل أخرى متعلقة بالنظام التربوي، التدريس الذي يقتصر هدفه على النجاح القائم على الحفظ والاستظهار، والنظرة المتدنية لقيمة التساؤل.، والاختبارات المدرسية وأو جه الضعف فيها، والفلسفة التربوية السائدة في المجتمع ونظرتها، ومدى تقديرها للمبدعين وغيرها (الزهيري، 2008، 145 ـ 147).

إن تقليل درجة الاهتمام بالمهارات الإبداعية، والإبداع بشكل عام يعود إلى المعوقات التالية:

أو لا: المعوقات النفسية وتتمثل بما يأتي:

- نقص الثقة بالنفس وبأفكارنا وتصوراتنا.

- الخضوع للطرق المألوفة في الحل، ومقأو متنا للتغيير.

- الإيمان بأن قوى خارجية تتحكم بنا مثل القوانين وغيرها.

- الخوف من الظهور بمظهر الأغبياء.

- عدم الجرأة وإعلان الرأي المخالف ما دام الجميع متفقين على غيره.

- الخوف من الخطأ والتقريع واللوم والسخرية.

- الإحساس بالعجز عن تغيير الواقع.

- التكرار والاعتياد والخوف من الجديد.

- العزلة وعدم الانفتاح على الآخرين.

- الالتزام بالمألوف.

ثانيا: معوقات ذهنية وتتمثل:

- التصاق فكرة وجود إجابة واحدة صحيحة للمشكلة فقط.

- السماح للآخرين أن يقرروا لنا ما هوصواب وما هوخطأ.

- إصدار الأحكام المسبقة وغير المدروسة، وغير المتأنية.

- ضعف الملاحظة والنظر للأمور نظرة سطحية.

- عادات التفكير والنمطية.

- النظرة الجزئية غير الشمولية للأمور.

- القيود وقلة الحرية الفكرية.

ثالثا: معوقات بيئية داخلية (الأسرة والمدرسة) وتتمثل:

- استخدام العبارات غير المشجعة من قبل الأسرة والمدرسة.

- تكرار قول الوالدين للأبناء بالخوف عليهم.

- تكرار كلمة لا على سمع الأبناء دون إعطاء البديل.

- النهي المطلق والقاسي مثل (اسكت واخرس)

- استخدام العقاب البدني مع الطلاب.

- السخرية من الطالب لأنها تعيق الإبداع.

- عدم الانتباه والإنصات حرمان لعقل الطفل.

- غياب التشجيع المناسب يضعف الدافعية للإبداع.

- صراخ المدرس بوجه الطالب المتسائل (سكوت).

- استهزاء المدرس بطريقة إجابة الطالب يقتل الإبداع لديه.

- قول المدرس للطالب (لا تسأل)(خصص وقتا للأسئلة فيما بعد إذا اضطررت.

رابعا: معوقات بيئية خارجية (العمل والمجتمع) وتشمل ما يأتي:

- الإدارة الرديئة للمؤسسة أو المنظمة.

- مناخ الإدارة الرديء وغير المشجع.

- التضييق الإداري.

- التقويم والضغط النفسي.

- عدم كفاية المصادر والموارد.

- الضغط الزمني وقيود الوقت.

- التركيز على المحافظة على الوضع القائم.

- المنافسة المضرة بالمصلحة العامة.

- قيام البعض بالنقد والتجريح والمعارضة والهجوم على الأفكار الجديدة.

- عدم وجود أنظمة جيدة لاكتشاف المبدعين.

- تراكم التخلف الحضاري للأمة على مدار السنوات السابقة.

- التسلطية تقتل الإبداع.

- عدم وجود المكافئة الملائمة.

- طريقة تقسيم العمل الجامدة.

- السياسات والخطوات النمطية.

- الرقابة الدقيقة والتنظيم الرسمي.

- كيفية اتخاذ القرارات في الإدارة بشكل بيروقراطي.

- الاهتمام بالأجل القصير وليس الطويل.

- انعدام الحوافز وغياب التسهيلات.

من خلال ما تقدم تتجلى أهم معوقات الاهتمام بالإبداع والتي تلحق الضرر بالطالب وفي ضوء هذا مطلوب من الإداريين والمدرسين أن يعوا هذه المعوقات ويعملوا على معالجتها بإيجابية من أجل إعداد جيل مبدع من الطلبة قادر على مواكبة التقدم والتطور.

الإبداع والتدريس الصفي:

يعد التدريس الإبداعي في الصف من الأمور المهمة التي يجب أن يأخذها المعلم بعين الاعتبار والرؤية الجدية لها، حيث ترى الغالبية العظمى من التربويين أن التعلم الإبداعي لن يتم في ظروف صفية أو بيئة تعلم لا يتوفر فيها التدريس الإبداعي. ولكي يحدد المعلم معالم الإبداع لديه فإن عليه أن يحدد أو لا مدى إبداعه في الأنشطة التدريسية التالية:

الإبداع في تخطيط الدروس:

وهذا يتطلب من المعلم باعتباره مديرا لصفه أن يكون مبدعا في تخطيطه التدريسي من خلال وضع خطط للحصة الواحدة بحيث تتلاءم وحاجات واستعدادات الطلاب العاديين، والمبدعين.

الإبداع في ترتيب وتنظيم الموضوعات الدراسية:

ويأتي من خلال إتباع المعلم أو المدرس الطريقة السهلة في التدريس، والتزامه بخطة المقرر الدراسي، وأن يكون ترتيب الموضوعات والأنشطة التدريسية وفق اعتبارات علمية مدروسة.

الإبداع في السلوك التدريسي الصفي:

ويأتي من خلال قيام المدرس باستخدام الأسلوب الإداري الإبداعي، والقيام باستخدام المرونة للأنماط التعليمية للطلاب، وانتقال المعلم من دور الملقن للمعلومات إلى دور المستمع، المناقش، الموجه للأنشطة والميسر للتعلم.

الإبداع في الأنشطة المعملية:

ويتم ذلك من خلال تضمين التدريس الإبداعي أنشطة معملية، ومشكلات علمية.

الإبداع في إثارة المشكلات التعليمية وإدارتها:

ويأتي من خلال تقديم الموضوعات التعليمية على صورة مشكلات أو أسئلة تتطلب

الإجابة عنها.

الإبداع وإستراتيجية توجيه الأسئلة:

وتأتي من خلال طرح أسئلة تتطلب صياغة للفروض والتفكير والتقصي والتجريب.

الإبداع في القياس والتقويم:

ويأتي من خلال قياس وتقويم مدى اكتساب الطلاب للمعارف ولعمليات العلم ومهارات التفكير الإبداعي، ويكون التقويم شاملا للطلاب ومن جميع الجوانب (الزهيري، 2008، 141 ـ 144). وهكذا يجب أن يتحقق الفكر الإبداعي من داخل غرف الدراسة عن طريق التدريس الناجح والفعال وبإثارة وتعليم الطلبة التفكير السليم لينموا لديهم حب الاطلاع والتقصي للوصول إلى المعرفة المتجددة.

الفصل السادس

الإدارة المدرسية

يحتوي الفصل على:

- مفهوم الإدارة المدرسية.

- أهمية الإدارة المدرسية.

- أهداف الإدارة المدرسية.

- وظائف ومهام الإدارة المدرسية الحديثة.

- المستويات الوظيفية للإدارة المدرسية.

- خصائص وصفات الإدارة المدرسية الناجحة.

- صفات مدير المدرسة الناجح في ظل المفهوم الحديث للإدارة المدرسية.

- بعض الأساليب الأساسية في الإدارة.

- الإدارة التسلطية المدرسية.

- الإدارة الديمقراطية المدرسية.

- الإدارة الترسلية (المتساهلة)المدرسية

- عوامل تطور الإدارة المدرسية.

- التحديات الحديثة التي تواجه الإدارة المدرسية.

- مسؤوليات وواجبات مدير المدرسة.

- الإدارة الإلكترونية المدرسية.

161

مفهوم الإدارة المدرسية:

تعتبر الإدارة المدرسية جزءاً من الإدارة التربوية التي تشتق أسسها ومبادئها من ميدان الإدارة العامة وتحتفظ بخصوصيتها في مجال التربية والتعليم، ويتحدد مستواها الإجرائي بأنه على مستوى المدرسة.وهذا المستوى هوالذي يعمل على تحقيق الأهداف التربوية، وتنفيذ البرامج والمشروعات التي تم التخطيط لها من قبل المستويات العليا.

إن التوجه الحديث للدول المتقدمة بات منصبا اليوم إلى أهمية إعداد الأجيال القادمة إعداداً كاملاً من أجل تحمل مسئوليات الحياة وبناء المجتمع ولذا صارت تعتني بالثروة البشرية التي لا تعادلها ثروة في الحياة..وهي بناء الأبناء. وهذه الثروة تضع أقدامها على طريق الحياة الاجتماعية والاقتصادية والثقافية والسياسية تحت رعاية قيادة تربوية واعية في ظل المدرسة.

ومن هنا كان لدور الإدارة المدرسية دوراً فعالاً في التقدم والتطور ولم تعد وظيفتها مجرد تلقين المعلومات للتلاميذ وتنظيم حياتهم المدرسية وإنما العمل على تنمية استعداداتهم وميولهم وإتاحة الفرصة لتنمية هذه الميول وتوجيهها توجيهاً اجتماعياً صالحاً.

والإدارة المدرسية هي: مجموعة العمليات والأنشطة المختلفة التي يقوم بها المديرون والمدرسون بطريقة المشاركة والتعاون والفهم المتبادل في جوودي وإنساني، يبعث الرغبة في العمل المثمر بما يكفل تحسين العملية التعليمية والتربوية، وتحقيق أهدافها، وأهداف المجتمع في التربية والأهداف الجامعة للمدرسة (العجيلي، 1982، 38).

وعرفها حسن الحريري وآخرون بأنها (مجموعة العمليات التي تقوم بها هيئة المدرسة، بقصد تهيئة الجوالصالح الذي تتم فيه العملية التعليمية / التعلمية، بما يحقق السياسة التعليمة وأهدافها) (الزهيري، 2008، 94).

وتعني كذلك بأنها نظام، وتنظيم، تخطيط، وتنسيق، ومراقبة، وتقويم. فهي مهارة تتصل بميادين مختلفة: مهارة في التخطيط، ومهارة في القيادة، ومهارة في العلاقات الإنسانية، ومهارة في تنظيم العمل الجماعي، ومهارة تنظيم لأعضاء هيأة التدريس وتحسينه، ومهارة في التقويم (السفاسفة، 2005، 176).

وهي أيضا العملية الاجتماعية التي تعني بتعريف وصيانة واستثارة ومراقبة وتوحيد الطاقات البشرية والمادية تحت نظام متكامل صمم من أجل تحقيق أهداف سبق تحديدها s،kenezevich، 1975، p، 12)).

والإدارة المدرسية جزءا مهما من الإدارة التعليمية والإدارة التربوية، وهي مسئولة عن تنفيذ سياسات الإدارة التربوية والإدارة التعليمية وأهدافها. فهي الحلقة المسئولة عن تنظيم المدرسة وفعالياتها من تعليم وتعلم وأنشطة وعن تنفيذ الخطط والبرامج، وفقا للسياسات المرسومة، واللوائح والتعليمات، وعن نسيج خيوط شبكة العلاقات بين المدرسة والمجتمع (السفاسفة 2005، 175).

كما أنها مجموعة من العمليات التنفيذية والفنية التي يتم تنفيذها عن طريق العمل الإنساني الجماعي التعأو ني بقصد توفير المناخ الفكري والنفسي والمادي الذي يساعد على حفز الهمم وبعث الرغبة في العمل النشط المنظم، فرديا كان أم جماعيا من أجل حل المشكلات وتذليل الصعاب حتى تتحقق أهداف المدرسة التربوية والاجتماعية كما ينشدها المجتمع (حامد، 2009، 27).

والإدارة المدرسية تعني جميع الجهود المنسقة والإمكانات المتاحة والأنشطة التي يبذلها مدير المدرسة مع جميع العاملين معه من مدرسين وإداريين وغيرهم من أجل تحقيق الأهداف التربوية داخل المدرسة تحقيقا فعالا متطورا يتماشى مع ما تهدف إليه الأمة من تربية أبنائها تربية صحيحة وعلى أساس سليم (محضر، 1978 ، 84).

كما تعرف الإدارة المدرسية على أنها: الجهود المنسقة التي يقوم بها فريق من العاملين تحقيقا يتماشى مع ما تهدف إليه الدولة، من تربية أبنائها تربية صحيحة وعلى

أسس سليمة (حامد، 2009، 27).

وعرف حسن مصطفى الإدارة المدرسية في كتابه (اتجاهات جديدة في الإدارة المدرسية على أنها: مجموعة من العمليات التي يقوم بها أكثر من فرد بطريقة المشاركة والتعاون والفهم المتبادل، وهي جهاز يتألف من مدير المدرسة ونائبه (الوكيل)والأساتذة والموجهين والرواد أي كل من يعمل في النواحي الفنية والإدارية (حامد، 2009 ، 28).

كما عرفها صلاح عبد الحميد مصطفى في كتابه (الإدارة المدرسية في ضوء الفكر الإداري المعاصر): مجموعة من العمليات الوظيفية، تمارس بغرض تنفيذ مهام مدرسية بواسطة آخرين، عن طريق تخطيط وتنظيم وتنسيق ورقابة مجهوداتهم وتقويمها، وتؤدي هذه الوظيفة من خلال التأثير في سلوك الأفراد لتحقيق أهداف المدرسة (حامد، 2009: ص 28). ويمكن القول أيضا بأن الإدارة المدرسية تعني: جميع الجهود والإمكانات والنشاطات التي تبذل من أجل تحقيق الأهداف التربوية تحقيقا فعالا متطورا.

والإدارة المدرسية في مفهومها الشامل قيادة تربوية تحمل على عاتقها أمانة مسؤولية الإشراف على المدرسة إداريا وفنيا من أجل النهوض بالعملية التربوية بجوانبها كافة من منهج ومدرس وكتاب وتقنيات وطالب وإمكانات أخرى (احمد، 1981 ، 99).

وتعرف الإدارة المدرسية بأنها: مجموعة عمليات وظيفية تمارس بغرض تنفيذ مهام مدرسية بواسطة آخرين عن طريق تخطيط وتنظيم وتنسيق ورقابة جهود العاملين وتقويمها، وتؤدي هذه الوظيفة من خلال التأثير في سلوك الأفراد لتحقيق أهداف المدرسة.

وهناك أيضا بعض المفاهيم للإدارة المدرسية:

أ ـ هي الكيفية التي يدار بها النظام المدرسي حتى يمكن تحقيق أهدافه من أجل إعداد أجيال ناشئة نافعة لأنفسهم ومجتمعهم.

ب ـ كل نشاط منظم ومقصود وهادف تتحقق من ورائه الأهداف التربوية المنشودة من المدرسة، والإدارة المدرسية ليست غاية في حد ذاتها وإنما وسيلة لتحقيق أهداف العملية التعليمية.

ج ـ هي الوحدة القائمة بتنفيذ السياسة التعليمية ويقوم على رأسها مدير مسؤوليته الرئيسية هي توجيه المدرسة نحوأداء رسالتها وتنفيذ اللوائح والقوانين التعليمية التي تصدر من الوزارة.

ومن خلال التعريفات السابقة يمكن القول بأن الإدارة المدرسية هي:مجموعة عمليات (تخطيط، تنسيق، توجيه)وظيفية تتفاعل بإيجابية ضمن مناخ مناسب داخل المدرسة وخارجها وفقا لسياسة عامة تضعها الدولة بما يتفق وأهداف المجتمع والدولة (حامد، 2009 ، 29).

أهمية الإدارة المدرسية:

لقد اتسم العصر الذي نعيش فيه بالعديد من المسميات كعصر الفضاء، وعصر الكومبيوتر، والتغير السريع، والانفجار المعرفي، ولعلنا لا نخطئ إذا أطلقنا عليه تسمية أخرى وهي (عصر الإدارة العلمية)، إذ لا يوجد نشاط أو اكتشاف أو جهد يلفت النظر إلا وكان وراءه إدارة. والإداري في المدرسة يعمل على تحقيق الهدف التربوي الذي وضع لمدرسته وعن طريق الأهداف التربوية المرسومة للمرحلة الدراسية. ولابد أن يتمكن مدير المدرسة من فهم العاملين، وكذلك بالوقوف على معاناتهم ومشكلاتهم ومن ثم تسخير إمكاناتهم ومحاو لة إقناعهم على نحومؤثر بحيث يؤدي دورا فعالا في تحقيق الأهداف التربوية في المدرسة (زيدان، 1983، 96).

والإدارة المدرسية تهدف أساساً إلى تحقيق أهداف تعليمية وتربوية لإكساب التلاميذ

خبرات ومهارات خلال فترة زمنية محددة ويعتمد نجاح تحقيق الأهداف التعليمية والتربوية على مدى كفاءة الإدارة المدرسية

وأهمية الإدارة المدرسية تتضح في أنها تسعى إلى تحقيق الأهداف التربوية والتعليمية، وكذلك غرس الاتجاهات الحديثة في التربية في نفوس التلاميذ داخل المدرسة، إضافة إلى التوجيه والإرشاد النفسي لتلقي العلم والمعرفة ونموها والنهل من معين الثقافة (محضر، 1978، 85، 87).

يقول تشارلس بيرد عن أهمية الإدارة: ليس هناك موضوع أكثر أهمية من موضوع الإدارة، ذلك لأن مستقبل الحضارة الإنسانية ذاتها يتوقف على قدرتنا على تطوير علم وفلسفة وطريقة ممارسة الإدارة (حامد، 2009، 41)، فالإدارة المدرسية هي الإشعاعات المضيئة التي تحرك كل موظف في دائرة محدودة منظمة من أجل مجهود متميز وعمل مستمر وإنتاج متواصل في أقصر وقت ممكن وبأقل جهد.

أن عوامل نجاح المدير يمكن أن تنحصر بالاهتمام بالنظام الإداري والعلاقات الإنسانية الطيبة مع الذين يتعامل معهم المدير ومن خلال تحديد الأهداف وتجنيد الوسائل كافة حتى يتم التكامل والتنسيق بين الجهود للمحافظة على استمرارية نجاح العمل الإداري، وتحقيق الأهداف.

وعند الحديث عن المدير الناجح لابد من البحث عن السر الكامن وراء نجاحه لان المرؤوسين هم بحاجة دائمة إلى شخصية تحمل سمات مميزة تمكنه من التعامل مع مختلف الشخصيات من العاملين والتي تتفاوت السمات الشخصية بينهم منهم مثلا بحاجة إلى المدير الهادي غير العنيف في التعامل والمنبسط الهادي المتواضع، والذي لديه القابلية على تحمل المسؤولية أمام المجتمع عندما يظهر إفراد مؤسسة بمظهر المقصر والذي يتولى مهمة الدفاع عنهم وعن الأخطاء التي وقعوا فيها، ولابد ان يكون رمزا قائما لاستمرار عمل الجماعة (أبوجادو1998، 186- 187).

وتستند الإدارة المدرسية في أهميتها على قواعد أساسية، وهذه القواعد تشكل في

مجملها الفلسفة الأساسية من وراء وجود الإدارة وضرورتها في أي جهد جماعي ذو أهداف محددة وهذه القواعد ما يأتي:

1ـ تلزم الإدارة لكل جهد جماعي، وهذا يعني أن الجهود البشرية صغيرة كانت أم كبيرة تصبح عاجزة عن تحقيق أهدافها في غياب تنظيم لتنسيقها وتوجيهها ومتابعتها.

2ـ الإدارة نشاط يتعلق بإتمام أعمال بواسطة آخرين، الأمر الذي يظهر دور الإداري في توجيه جميع الجهود نحو الهدف من أجل بلوغ الأهداف بأيسر الطرق، وأقل التكاليف.

3ـ تحقق الإدارة الاستخدام الأمثل للموارد المادية والقوى البشرية.

4ـ ترتبط الإدارة المدرسية ارتباطا وثيقا بقوانين الدولة والسلطة التشريعية فيها، حتى لا يحث تناقض بين ما تهدف إليه الإدارة المدرسية وبين ما تهدف إليه الدولة، وحتى تتجه أهداف الإدارة المدرسية نحو تحقيق الأهداف العامة للدولة.

5ـ إشباع الحاجات والرغبات الإنسانية داخل المدرسة وخارجها عن طريق الموائمة بين مصلحة الفرد ومصلحة المدرسة (حامد، 2009 ، 41، 42).

أهداف الإدارة المدرسية:

تنبثق أهداف الإدارة المدرسية من أهداف الإدارة التربوية والتي تتركز في تحقيق النمو الشامل للتلميذ في جميع الجوانب المختلفة. فأهداف الإدارة المدرسية لم يعد قاصراً على حفظ النظام والتأكد من سير الدراسة وفق الجدول الموضوع، بل أنه تعدى ذلك إلى تحقيق الأغراض التربوية والاجتماعية، فأصبح محور العمل يدور في هذه الإدارة حول التلميذ وتنميته في جميع الجوانب، وبذل الجهود في تحسين العملية التربوية، كما تهدف إلى الاهتمام بالتلاميذ والمعلمين والمناهج والأنشطة التعليمية، وتوثيق العلاقة بين المدرسة والمجتمع، ونقل التراث الثقافي، إضافة إلى مساهمتها في حل مشكلات المجتمع وتحقيق أهدافه وفيما يأتي أهم هذه الوظائف:

1- السعي للوصول إلى تحقيق أهداف التربية والتعليم.

2- بناء شخصية الطالب بناء متكاملا علميا وعقليا وجسميا واجتماعيا.

3- تنظيم وتنسيق الأعمال الفنية والإدارية في المدرسة تنظيما يقصد منه تحسين العلاقات بين العاملين في المدرسة.

4- تطبيق ومراعاة الأنظمة التي تصدر من الإدارات التعليمية المسؤولة عن التعليم.

5- توجيه استخدام الطاقات المادية والبشرية استخداما علميا وعقلانيا بما يحقق زيادة الكفاءة الإنتاجية.

6- وضع خطط التطور والنمو اللازم للمدرسة في المستقبل.

7- إعادة النظر في مناهج المدرسة ومواردها وأنشطتها ووسائلها التعليمية.

8- الإشراف التام على تنفيذ مشاريع المدرسة حاضرا ومستقبلا.

9- العمل على إيجاد العلاقات الحسنة بين المدرسة والبيئة الخارجية عن طريق مجالس الآباء والمعلمين.

10- توفير النشاطات المدرسية التي تساعد على نمو شخصية الطالب نموا اجتماعيا.

11- التعاون مع البيئة في حل ما يستجد من مشكلات تعاونا فعالا وايجابيا (حامد، 2009، 40، 41).

وظائف ومهام الإدارة المدرسية الحديثة:

شهدت السنوات الأخيرة اتجاها جديدا في الإدارة المدرسية، فلم تعد وظيفتها مجرد تسيير شؤون المدرسة سيرا روتينيا، ولم يعد هدف مدير المدرسة المحافظة على النظام في مدرسته، والتأكد من سير المدرسة وفق الجدول الموضوع، وحصر حضور وغياب التلاميذ، والعمل على إلقائهم المواد الدراسية، بل أصبح محور العمل في هذه الإدارة يدور حول التلميذ وتوفير كل الظروف والإمكانات التي تساعد على توجيه نموه العقلي والروحي والبدني والاجتماعي، والتي تساعد على تحسين العملية التربوية لتحقيق هذا

النمو، كما أصبح محور العمل في الإدارة المدرسية يدور حول تحقيق الأهداف الاجتماعية التي يدين بها المجتمع.

وتعد وظيفة مدير المدرسة من أهم وأخطر الوظائف في العملية التعليمية، فهو يواجه في أثناء تأديته واجباته العديد من المشكلات والقضايا العديدة الأمر الذي يتطلب منه أن يكون أهلا للمسؤولية الملقاة على عاتقه حتى يمتلك القدرة على إصدار القرارات المناسبة والحكيمة في الوقت المناسب دون خوف أو تردد (حسان والعجمي، 2007 ، 106،107).

لقد أصبح تحقيق الأهداف التربوية والاجتماعية حجر الأساس في الإدارة المدرسية بعد أن كانت ضائعة وسط الاهتمام بالنواحي الإدارية، ولا يعني هذا التحول في وظيفة الإدارة المدرسية التقليل من شأن النواحي الإدارية، بل يعني توجيه الوظائف الإدارية لخدمة هذه العملية الرئيسية.

وقد كان هذا التغيير في وظيفة الإدارة المدرسية نتيجة لتغير النظرة نحو العملية التربوية، فقد أظهرت البحوث والدراسات النفسية والتربوية أهمية الطفل كفرد وأهمية الفروق الفردية، وأوضحت أن العملية التربوية عملية نمو في شخصية الطفل من جميع النواحي، حيث أكدت الفلسفات التربوية التقدمية أن الطفل كائن إيجابي نشط، كما أظهرت دور المدرس والمدرسة في توجيهه ومساعدته في اختيار الخبرات المربية التي تساعده على نمو شخصيته، وتؤدي إلى نفعه ونفع مجتمعه، وكانت نتيجة هذه الآراء التقدمية تحول الإدارة المدرسية من الاهتمام بالأعمال الروتينية إلى الاهتمام بالطفل، وضرورة مساعدته للتمتع بطفولته، وحل مشكلاته اليومية، وإعداده لمسؤولياته في حياته الحاضرة والمستقبلية في المجتمع.

كما تغير الاتجاه نحو الإدارة المدرسية نتيجة تغير وظيفة المدرسة في المجتمع فقد أقام المجتمع المدارس بادئ الأمر وأوكل إليها تربية أبنائه، وفهمت المدرسة وظيفتها على أنها نقل التراث الثقافي لهؤلاء الأبناء لإعدادهم لحياة الكبار، كما فهمت أيضا أنها ممكن أن

تقوم بهذه الوظيفة بعيدا عن المجتمع، بعيدا عن مشكلاته، وأمانيه،وأهدافه، وقد ظهر في السنوات القليلة الماضية مفهوم جديد لوظيفة المدرسة وهوضرورة العناية بدراسة المجتمع والمساهمة في حل مشكلاته وتحقيق أهدافه.

وكانت نتيجة هذا المفهوم زيادة التقارب والاتصال والمشاركة بين المدرسة والمجتمع فقامت المدرسة بدراسة مشكلات المجتمع، ومحأو لة تحسين الحياة فيه، بجانب عنايتها بنقل التراث الثقافي، وتوفير الظروف التي تساعد على إبراز فردية الطفل (حامد، 2002 ، 43 ـ 44).

إن وظيفة المدرسة هي تربية النشء وتعليمهم، وهي في أساسها عملية فنية، تقوم على أصول ومبادئ تربوية، وتصبح كل العمليات الإدارية والتنظيمية في خدمة هذا الجانب الفني، وعلى هذا يجب أن ينظر إلى المسائل الإدارية والمالية على أنها تابعة للمسائل الفنية وليست قيدا عليها (الزهيري، 2008، 102).

ويتوقف نجاح الإدارة في تحقيق أهدافها على مستوى العاملين في الإدارة المدرسية في جميع المستويات ويأتي هذا بالاختيار الدقيق لمدير المدرسة والمدرسين وباقي العاملين.. طبقاً لبطاقات وصف والوظائف كما يتم وضع برامج تدريبية لرفع مستوى المديرين والمدرسين للوقوف على أحدث وسائل التعليم والتربية كما أن المرور المستمر من الإدارة الأعلى ممثلة في الموجهين يساعد إلى حد كبير على كفاءة المدرسين لتنفيذ العملية التعليمية التربوية.

كما يعتبر تحسين ظروف العمل للعاملين في الإدارة المدرسية والتلاميذ من العوامل المساعدة لنجاح الإدارة حيث تعمل على تهيئة الظروف المناسبة لأداء العملية التعليمية والتربوية بصورة متميزة.. والجدير بالذكر أن عملية تحسين ظروف العمل تبدأ في مرحلة متقدمة من بداية ممارسة الإدارة المدرسية لوظائفها حيث يعتبر إنشاء المبنى المدرسي ومطابقته للشروط الصحية من حيث تكامل منشآته وتجهيزاته ومرافقه وإعداده الإعداد المناسب عاملاً حيوياً لإدارة العملية التعليمية.

وأضافت أغلب البحوث والدراسات أربع وظائف للمدرسة إضافة إلى وظائفها الممثلة في التخطيط والتنظيم والإشراف والمتابعة والتقويم، والوظائف المضافة هي:

- دراسة المجتمع ومشكلاته وأمانيه والعمل على حلها وتحقيق طموحاته وأمانيه.

- تزويد المتعلم بخبرات متنوعة ومتجددة لحل المشكلات التي تواجهه باعتباره محور العملية التعليمية.

- تهيئة الظروف وتقديم الخدمات التي تساعد على النمو المتكامل للتلاميذ من جميع الجوانب.

- رفع مستوى أداء المعلمين لتحقيق الأهداف التربوية المنشودة (العمايرة، 2000، 56، 57).

ويرى آخرون أن وظيفة الإدارة المدرسية هي تهيئة الظروف وتقديم الخدمات للطلاب لكي يتحقق النمو المتكامل لهم والذي يؤدي بدوره في النهاية إلى خدمة المجتمع إضافة إلى الأهداف التالية:

- تحسين المنهج والعملية التعليمية.

- تنظيم وإدارة وتنسيق العمل المدرسي.

- الإشراف على برنامج النشاط المدرسي وتحسينه.

- القيادة المهنية للمعلمين والنجاح في العمل.

- توجيه التلاميذ ومساعدتهم على التكيف.

- العمل الكتابي والمراسلات.

- العلاقات العامة والعمل مع البيئة.

- وضع السياسة واتخاذ القرارات وتنفيذها.

- تفويض السلطة والمسؤوليات.

- تقويم العملية التعليمية. (أحمد، 2003 ، 26، 27).

كما أن من المهام والوظائف التي يجب أن تقوم بها المدرسة هي ما يأتي:

1 ـ التخطيط:

يعد التخطيط عملية ذكية للتنبؤ بمعرفة المستقبل. وعند التخطيط يجب دراسة البيئة التنظيمية والخارجية المحيطة لغرض التعرف على المتغيرات المؤثرة فيها، وهذا يتطلب دراسة الجوانب الاقتصادية والاجتماعية والسياسية، ودراسة المشاريع المنافسة والتنبؤ بالمستجدات التي قد تحدث في البيئة عامة (عساف، 1998 ، 24).

وتتضح أهمية التخطيط في المجال التربوي في كونه العملية التي يتم فيها تحديد الوسائل والتدابير اللازمة للوصول إلى الأهداف التربوية وهي بهذا تعد من أو لى المهام الأساسية في الإدارة المدرسية.

والتخطيط عملية تتجه نحوالمستقبل، وتحأو ل التنبؤ بما سيحدث أو ما يراد تحقيقه في المستقبل، وفي ضوء ذلك ترسم الخطط والسياسات اللازمة لمواجهة ذلك المستقبل.

وتتجلى أهمية التخطيط في كونه:

- يساعد إدارة المدرسة ومعلميها على فهم الأهداف التربوية والإحاطة بمضامينها.

- يشجع الهيئة التعليمية على ترجمة الأهداف التربوية للمدرسة إلى أهداف سلوكية.

- يساعد على التعرف على الإمكانات البشرية والمادية وكل الوسائل المتاحة في المدرسة بشكل يضمن حسن استثمارها في تحقيق الأهداف المرسومة.

- يؤدي إلى تنظيم الخبرات والإمكانات المتاحة بما يضمن تجنب الصعوبات المختلفة ومحأو لات الخطأ في الوصول إلى الأهداف.

- يزيد التخطيط من فاعلية المدير بحيث تصبح أهدافه واضحة ومحددة وهذا يساعده

في اتخاذ قرارات صائبة.

ولكي يحقق مدير المدرسة هذه المهمة عليه القيام بما يأتي:

أ- عقد اجتماعات مكثفة مع الهيئة التعليمية في أو قبل بداية السنة الدراسية ويتم فيها استعراض الأهداف التربوية المرسومة للمدرسة ودراستها بصورة معمقة وصولا إلى فهم تام ووصف لهذه الأهداف من قبل معلمي المدرسة كافة وما يتطلبه تحقيق هذه الأهداف من إجراءات وفعاليات متعددة.

ب- إعطاء الحرية للهيئة التعليمية لمناقشة الوسائل الكفيلة بتحقيق الأهداف التربوية في ضوء دراسة متكاملة وتحديد دقيق للإمكانات البشرية والمادية المتوافرة في المدرسة ومحيطها.

ج- تأليف لجان متعددة في المدرسة وتحديد مهمات كل لجنة بحيث يؤدي إنجاز اللجان لأعمالها إلى إنجاز للعمل الذي تم تخطيطه للمدرسة ككل.

2 ـ التنظيم:

يعد التنظيم عملا جماعيا مشترك يتم عن وعي وإدراك وذلك بترتيب الأنشطة الإدارية داخل المؤسسة ومعرفة عمل كل وحدة إدارية وذلك لتحقيق أهداف المنظمة، والعمل الجماعي المشترك داخل البيئة التنظيمية من حيث توزيع الأنشطة والأدوار والمهام واختيار الأفراد القادرين والراغبين في العمل (عساف، 1998 ، 24).

وفي هذا الإطار ينبغي على مدير المدرسة أن يقوم بتحديد المسؤوليات وتوزيع الأعمال على المعلمين والعاملين الآخرين في المدرسة كل حسب اختصاصه ومؤهلاته. ولابد أن نؤكد هنا ضرورة الالتزام بالدقة والموضوعية في توزيع الأعمال اعتمادا على المؤهلات الحقيقية لكل معلم وما يناسبه من عمل في ضوء ذلك وأن يكون المعيار الأساس هوحسن سير العمل في المدرسة وقد يتطلب التنظيم أن يقوم مدير المدرسة بتنسيق عمل مدرسته مع مدارس أو جهات أخرى إذا كان في ذلك مردود إيجابي للمدرسة ولنجاح العملية التربوية فيها (صخي وآخرون، 1992، 18).

والتنظيم يعني: وضع الترتيبات الكفيلة بتحقيق الأهداف المدرسية ومن مقتضيات التنظيم في الإدارة المدرسية ما يأتي:

أ- دراسة دقيقة لأوضاع المدرسة، ومتطلبات العمل داخلها، وخارجها

ب- الإحاطة بما تتضمنه اللوائح والتعليمات والنشرات والقرارات الخاصة بالتعليم عامة وبالإدارة المدرسية خاصة

ج- إعداد متطلبات العمل، واتخاذ الترتيبات الضرورية لتنفيذه سواء فيما يتعلق بالقوى البشرية أو الاعتماد المالي أو ما يتعلق بالتجهيزات والملاعب.

د- دراسة الخطط الدراسية المختلفة لكل الصفوف، ثم معرفة الأعداد اللازمة من المعلمين، وتوزيع الأنصبة من الحصص.

هـ- وضع الرجل المناسب في المكان المناسب وهذا يتطلب من القائم على الإدارة المدرسية التعرف على قدرات واستعدادات كل فرد.

وتنظيم برامج خدمة البيئة وما يمكن أن تقدمه المدرسة لها وكيفية التعاون بينها.

ز- حسن توزيع المسئوليات على القائمين بها.

ويعد التنظيم الإداري وسيلة الإداري التربوي لتيسير تعامله مع مهام ومتطلبات دوره وتفعيل مصادر المدرسة كافة، والتنظيم هو (ترتيب منسق للأعمال اللازمة لتحقيق الهدف وتحديد السلطة والمسؤولية المعهود بها إلى الأفراد الذين يتولون تنفيذ هذه الأعمال)، فعن طريق التنظيم يمكن أن ينسق المدير جميع الإمكانات المتوافرة لدى العاملين معه ويوظف مختلف إمكانات المدرسة ومكوناتها بحيث تتوجه هذه الطاقات نحو تحقيق أهداف العملية التربوية التي تنوي المدرسة تحمل مسؤولية إنجازها.

ولكي يطور المدير تنظيمها إداريا فاعلا عليه أن يدرك ويعمق الوظائف المطلوب القيام بها وأن يتفهم طموحات المعلمين والطلاب وما يتمتعون به من كفايات وخصائص. فالبنية الإدارية وما يصاحبها من خطط تنظيمية وإجراءات لتفعيلها ليست غاية بحد ذاتها إذ إن قيمتها تكمن في مقدرتها على زيادة فاعلية تنسيق جهود العاملين واستخدام التسهيلات المدرسية لخدمة عملية التعليم في الوقت والمكان المناسبين (فهمي، ومحمود، 1993 ، 97).

3 ـ التوجيه:

وهوالوظيفة الإدارية التنفيذية التي تنطوي على قيادة الأفراد والإشراف عليهم وتوجيههم وإرشادهم حول كيفية تنفيذ الأعمال وإتمامها وتحقيق التنسيق بين جهودهم وتنمية التعأو ن الاختياري بينهم من أجل تحقيق هدف مشترك. وتمارس هذه الوظيفة من خلال عمليات القيادة والحفز والاتصال مستندة في ذلك إلى فهم واضح لطبيعة السلوك الإنساني وكيفية توجيهه بالشكل الذي يحقق الأهداف المنشودة (العلاق، 1999 ، 21).

وإن إغفال التوجيه قد يؤدي إلى القصور والتسيب في العمل أو إحداث خلل فيه، لذلك يجب أن يتماشى مع مسار العلاقات الإنسانية، إذ ينبغي أن يتم بأسلوب لين وواضح، وبعيد عن التسلط أو الإساءة حتى يحقق الغاية منه، مع مراعاة الفروق الفردية في عملية التوجيه، حيث أنه من المعلوم أن الأفراد أو العاملين ليسوا كلهم سواء في تقل التوجيه وتنفيذه، وان الهدف الرئيسي من التوجيه هومصلحة العمل، وهذه الأخيرة ينبغي أن تبنى على التعأو ن بين أفراد المنظمة أو المؤسسة التعليمية (المدرسة)والتغلب على ما قد يعترضهم من صعوبات ومشكلات تحد من نشاطهم أو تقلل من فاعلتهم في العمل (سليمان، 1988، 235).

والتوجيه في الإدارة المدرسية يعني: الاتصال بالمعلمين والإداريين العاملين في المدرسة من أجل مساعدتهم على تحقيق الأهداف التربوية التي أنشئت المدرسة من أجلها.

ومن أهم المبادئ التي يقوم عليها التوجيه في الإدارة المدرسية:

أ- وحدة الأمر: فمن المعلوم أن التوجيه يكون أكثر فاعلية وجدوى إذا ما تلقى العاملون في المدرسة الإرشادات والأو امر من مصدر واحد.

ب- الإشراف المباشر: ويكون ذا فاعلية أكبر عندما يكون الاتصال الشخصي بين الرئيس والمرؤوس.

وفي هذا الصدد فإن المدير الناجح هوالذي يستطيع أن يوجه العاملين معه لكي يعملوا بفاعلية لتحقيق الأهداف المطلوبة والمرسومة، وهذا يتطلب منه، القدرة على إثارة اهتمام العاملين معه لتحقيق تلك الأهداف، وإيجاد الترابط بين الأهداف الفردية والأهداف العامة، كما يتطلب أيضا قدرة المدير على توجيه العاملين وحفزهم لبذل أكبر جهد ممكن للإسهام في حل مشكلات قد تصادفهم في بيئة العمل أو في البيئة المحيطة بها.

4 ـ التنسيق:

وهوالعملية التي تهدف إلى تحقيق وحدة العمل بين الأنشطة المتداخلة، وتكون وظيفة التنسيق ضرورية حينما وجد اثنان أو أكثر من الأفراد المتداخلين، أو الجماعات المتداخلة أو الأقسام المتداخلة والتي تسعى لتحقيق هدف عام، وتتضمن وظيفة التنسيق التأكد من أن جميع المجموعات وجميع الأشخاص يعملون بفاعلية وعلى نحواقتصادي ويتوافق في اتجاه الهدف الرئيسي (العلاق، 1999 ، 22).

والتنسيق يزيل كل عوامل وحالات التنافر والتضاد في المؤسسة أو المدرسة أو المنظمة ويحل محلها كل حالات التوافق والعمل باتجاه واحد بهمة وبروح معنوية عالية يتحلى بها جميع العاملين في المنظمة أو المؤسسة لتحقيق الأهداف المنشودة.

ويقصد به في الإدارة المدرسية تحقيق الانسجام بين مختلف أو جه النشاط في المدرسة، ولا يمكن تحقيق التنسيق ما لم تحدد أهداف النشاط وتوزع الأعمال بكل دقة، والتنسيق يهدف فيما يهدف إليه إلى عدم التضارب في الاختصاصات المحددة للعاملين في المدرسة.

5 ـ الرقابة:

إن الرقابة تتضمن القياس الدائم للأداء الفعلي ومقارنة النتائج بالاحتكام إلى المعايير، والمبادأة بالعمل يمليه الاختلاف القائم بين الأداء الفعلي والمعايير المطروحة. والرقابة هي امتداد لعملية التخطيط تستند كفايتها وفعاليتها على مدى وكفاية وفعالية عملية التخطيط بما تحويه من تحديد واضح ودقيق للخطة وأهدافها (رسمي، 2004، 188).

والرقابة تعني التأكد من ألذي تم أو أنجز مطابق لم أريد إتمامه، وهي وظيفة إدارية يمارسها المدير مباشرة أو بواسطة الآخرين من أجل كشف مدى تطابق المعلوم بالمفروض، ومدى الابتعاد عنه سلبا أو إيجابا مع القيام بالفعل التصحيحي في الزمن والاتجاه المناسب من أجل تحقيق الأهداف بكفاءة (ربيع، 2006 ، 22).

6: المتابعة والتقويم:

ويقصد بالمتابعة: الإشراف على تنفيذ ما تم التخطيط والتنظيم له، ويشمل ذلك كل ما يتعلق بالدراسة والأنشطة أو الأعمال الإدارية، أو غير ذلك مما تقدمه المدرسة للعاملين بها من معلمين وإداريين وطلبة.....الخ.

ولكي تحقق المتابعة أهدافها ينبغي اتخاذ ما يلي:

1.   استمرارية الاتصال بمجالات العمل والتأكد من أن الأعمال تسير كما خطط لها ومعرفة نواحي النقص أو القصور، ومحأو لة تداركها.

تهيئة الجوالمناسب للعمل المثمر، بما يشيع فيه من تعاون وتآلف والإفادة من الخبرات المختلفة.

2.   جعل الاجتماعات مجالاً واسعاً للمشورة وتبادل الآراء واتخاذ القرارات بالإضافة إلى مناقشة ما يعن للمدرسة من أمور تعود بالفائدة على المدرسة.

وفي مجال التقويم يمكن أن يقال أن هذه الإدارة المدرسية نجحت في تحقيق الأهداف التربوية المناط بها أو أنها فشلت ومن أهم دعائم عملية التقويم الناجح، تحديد عدد من المعايير الإجرائية التي يتم التقويم في ضوئها، وأهم مجالات التقويم:

● تقويم التنظيم المدرسي.

● تقويم العلاقة بين المجتمع والمدرسة لمعرفة مدى ما تقدمه المدرسة للمجتمع من خدمات وما يقدم المجتمع من مساعدة لها.

● تقويم خطة المباني المدرسية والتجهيزات والأدوات المدرسية التي تسير العملية

التعليمية.

- تقويم أداء المعلمين ومدى إقبالهم على مهنة التدريس وقدرتهم على ذلك.

- تقويم المنهج الدراسي من حيث أهدافه ومحتواه وتنظيمه وتنفيذه.

- تقويم مدى تقدم التلميذ، وما اكتسب من مهارات وقيم واتجاهات.

7ـ الاتصال:

وهو من المهمات الأساسية في عمل مدير المدرسة ويعني عملية انتقال وتبادل المعلومات والأفكار بين الأفراد نحوعملية إنسانية مطلوبة لخلق لغة مشتركة وتفاهم متبادل بين أفراد الجماعة الواحدة.

والاتصال الفعال بين المدير والعاملين يؤدي إلى:

- رفع الروح المعنوية للعاملين.

- يقوي لدى العاملين شعور الانتماء إلى المنظمة أو المدرسة.

- يعرف المدير بحاجات جميع العاملين معه من معلمين وتلاميذ وغيرهم.

- بواسطة الاتصال يفسر المدير للعاملين معه برامج العمل ويوضح لهم الأهداف المطلوب تحقيقها.

والاتصالات منها ما تكون تنازلية أو تصاعدية أو أفقية، ومنها ما تكون اتصالات رسمية أو غير رسمية. وعناصر الاتصال هي: المرسل، والمرسل إليه، والرسالة، وقناة الاتصال (صخي، وآخرون، 26، 27).

8- تنمية العلاقات الإنسانية:

إن تنمية العلاقات الإنسانية يعد وظيفة أساسية في عمل مدير المدرسة لذا يتوجب عليه أن يديم علاقاته الإنسانية مع العاملين معه في المدرسة ويتعرف على حاجاتهم الأساسية التي تخصهم أو التي تخص عملهم الوظيفي ويعمل على مساعدتهم بروح

تعاونية وإنسانية مما يجعل منهم أفرادا يمتلكون الدافعية والرضا في عملهم.

9 ـ اتخاذ القرار:

تعد عملية اتخاذ القرار من أهم وظائف القيادة الإدارية، وإن أي تطور أو إصلاح للعملية الإدارية يرتبط أساسا بمدى إمكان الوصول إلى أفضل هذه القرارات، ويعرف القرار بأنه (اختيار أنسب بديل لحل مشكلة معينة).

وعملية اتخاذ القرار تشترط توفر عاملين أساسين هما:

أ- وجود أكثر من بديل لحل المشكلة.

ب- وجود الصلاحية اللازمة.

والقرارات منها ما تكون قرارات جماعية أو فردية، ومنها ما تكون قرارات سوقية أو قرارات تعبوية.

أما الخطوات التي تمر بها عملية القرار هي ما بأتي:

أ- التعرف على المشكلة وتحديد ملامحها وحصر أبعادها والعوامل المؤثرة فيها.

ب ـ جمع المعلومات وتحليلها باستخدام المراجع والمصادر المتعددة.

ج- إيجاد بدائل مقترحة لحل المشكلة.

د- تقييم البدائل.

هـ- اختيار أنسب بديل للحل.

و- تنفيذ القرار ومتابعته.

وحتى يكون القرار جيدا ينبغي أن يكون:

- صحيحا ليؤمن تحقيق الهدف المنشود.

- واضحا ودقيقا.

- إمكانية تطبيقه.

- اقتصاديا وتوقيته ملائما.

- جيدا ونسبة القبول فيه مقبولة. (صخي، وآخرون، 1992، 22 ـ 25).

المستويات الوظيفية للإدارة المدرسية:

إن المستويات الوظيفية في الإدارة المدرسية تتمثل بما يأتي:

1 - المستوى الفني: ويكون أعضاء هذا المستوى بأداء الواجبات والأعمال الفنية كالمعلمين.

2- المستوى الإداري: ومهمته الأساسية هي الوساطة بين مختلف أقسام الأجهزة الإدارية وتنسيق جهودها.

3- مستوى المصلحة العامة: وهوما يهتم بالنظام الخارجي (الصيرفي، 1995، 205).

خصائص وصفات الإدارة المدرسية الناجحة:

تعد المدرسة وسيلة لتنفيذ السياسة العامة للتعليم وهي الأداة الفعالة لتحقيق أهداف هذه السياسة، وهي أيضا المصنع الذي تتبلور فيه العملية التعليمية والتربوية والثقافية في شتى صورها من أجل بناء الأجيال التي تصنع المستقبل وتعد له العدة لحاضره ومستقبله وتعده من أجل القيام بتحمل مسؤولياته الملقاة على عاتقه من أجل البناء والتطور.

وحتى تكون الإدارة المدرسية فعالة عليها أن تحسن استخدام مواردها البشرية بكفاءة وتقوم بوظيفتها الأساسية في تهيئة الظروف المادية والمعنوية لتحقيق الأهداف المرجوة، وتكون قادرة على ترجمة فلسفة وأهداف المرحلة التعليمية، لذا بات من المسلم به حاجتها الملحة إلى مدير فعال قادر على أداء هذا الدور بكفاءة عالية (حسان والعجمي، 2007، 113).

ويمكن إجمال أهم الخصائص والصفات التي تميز الإدارة المدرسية الناجحة تتمثل بما يأتي:

1- أن تكون أداة هادفة: بمعنى أنها لا تعمد على العشوائية أو التخبط أو الصدفة في تحقيق غاياتها بل تعتمد على الموضوعية والتخطيط السليم في إطار الصالح العام.

2- أن تكون إدارة إيجابية: وهذا يعني أنها لا تركن إلى السلبيات أو المواقف الجامدة بل يكون لها الدور القيادي الرائد في مجالات العمل وتوجيهه.

3- أن تكون إدارة اجتماعية: وهذا يعني أن تكون بعيدة عن الاستبداد والتسلط مستجيبة للمشورة ومدركة للصالح العام عن طريق عمل جاد ومشبع بالتعاون والألفة.

4- أن تكون إدارة إنسانية: وهذا يعني أنها لا تنحاز إلى آراء أو مذاهب فكرية أو تربوية معينة، قد تسيء إلى العمل التربوي لسبب أو لآخر بل ينبغي أن تتصف بالمرونة دون إفراط أو تفريط، وأن تحرص على تحقيق أهدافها بغير قصور أو مغالاة.

5- أن تكون متمشية مع الفلسفة الاجتماعية والسياسية للبلد الذي توجد فيه.

6- أن تتسم بالمرونة، وألا تكون ذات قوالب جامدة وثابتة، وإنما ينبغي أن تتكيف حسب مقتضيات المواقف وتغير الظروف.

7ـ أن تتميز بالكفاءة والفاعلية، ويتحقق ذلك بالاستخدام الأمثل للإمكانات المادية والبشرية (حامد، 2009، 38،39).

عوامل نجاح الإدارة المدرسية :

إن أهم العوامل التي تساعد على نجاح المدرسة وتضعها في مجموعة المدارس المتميزة والناجحة هي ما يأتي:

أ ـ التخطيط الجيد:

ويشمل التخطيط التربوي والتعليمي. والهدف منهما تنمية الفرد   من جميع جوانبه

الفكرية والروحية والخلقية والمهارة والبدنية لكي يكون عضواً صالحاً في المجتمع.

ويعد التخطيط التربوي جزءاً من التخطيط وكليهما يهدف إلى رسم السياسة التعليمية في كامل صورته ـ ويمكن تحقيق التخطيط الجيد عندما تكون الأهداف مشروعة، وواضحة للعاملين، بالإمكان ملاحظتها وقياسها، وضمن الإمكانات المتاحة التي يمكن تطبيقها وتحدد في إطار كمي وإطار زمني.

ب ـ التنظيم الدقيق:

ويتم من خلال تقييم الهيكل التنظيمي للعاملين عن طريق:

ـ العادات - النوع - الخبرات - الأعمال - الأنشطة - الميزانية.

- تحديد الاختصاصات والمسئوليات بكل دقة وتعريف العاملين بهذه الاختصاصات كالمدير، والمعأو ن والمشرف وغيرهم.

- التنسيق بين العاملين في تنفيذ هذه الاختصاصات وذلك بتحديد العلاقات التنظيمية بها بالشكل الذي يحقق التعأو ن الفعال وتبادل البيانات والمعلومات والعطاء المستمر .

ج ـ التوجيه السليم:

ويكون التوجيه السليم من خلال ما يأتي:

- الفهم الكامل لأبعاد العملية التعليمية.

- التوجيه والإرشاد على أساس ديمقراطي.

- الإخلاص في العمل والتعأو ن المثمر بين كل العاملين.

- الإلمام الكامل بالقرارات الصادرة من الإدارة العليا.

- إشاعة روح المحبة والعلاقات الإنسانية بين كل العاملين.

- العمل على إيجاد قوة دفع ذاتية لدى العاملين لتحقيق الأهداف وتأكيد العمل الجماعي.

- تحقيق الإحساس بالرضا لدى العاملين عن طريق: الحوافز المادية والحوافز المعنوية.

- إشراك العاملين في التعرف على المشكلات لإبداء رأيهم فيها.

- تحقيق التوازن المطلوب بين احتياجات العمل وبين رغبات العاملين وطموحاتهم

د ــ المتابعة المستمرة:

ويمكن أن تتحقق المتابعة من خلال القيام بما يأتي :

- التأكد من تنفيذ القرارات والتعليمات الصادرة من الإدارة العليا.

- بحث المشكلات ومناقشتها مع العاملين بالمدرسة وتحديد أسلوب التغلب عليها .

- تسجيل البيانات والملاحظات التي تشمل نقاط القوة والضعف وتوقيع المسئولين عليها ومتابعتهم.

- التحقق من كافة الأعمال المتعلقة بالنواحي الفنية والإدارية والمالية.

- إعداد التقارير الناجحة عن المتابعة وتشمل: الايجابيات ونقاط القوة التي تؤكد اثر العاملين في مواقف العمل والجهود التي بذلت لحل المشكلات والاقتراحات الفعالة.

هـ ــ التقويم الهادف والبنّاء:

ويتم ذلك في صورة تقرير الكفاية للجهد المبذول وخاصة للمعلمين وأثارهم في رفع مستوى التلاميذ وعلاج المشكلات للوصول إلى الأفضل من خلال استمارة محددة المعالم باعتباره حجر الزأو ية للعملية التعليمية.

ومن خلال ما تقدم يمكننا القول بأن الإدارة المدرسية تهدف إلى تحقيق أهدافها التربوية والتعليمية من خلال وظائف متتابعة ومتداخلة في نفس الوقت.. وتتمثل في التخطيط والتنظيم والمتابعة والتوجيه والتقويم. بما يحقق الأهداف المحددة بالجهد المناسب وفي الوقت المناسب في ظل الموارد المادية والبشرية المتاحة.

صفات مدير المدرسة الناجح في ظل المفهوم الحديث للإدارة المدرسية:

لكي يكون مدير المدرسة قادراً على إدارة المدرسة بصورة ايجابية وفعالة توجب أن يتصف بالصفات الآتية:

1ـ قوة الشخصية: أن يكون قوي الشخصية يملك زمام الأمور ويجمع حوله كل العاملين فيقبلون عليه ويطيعونه ويستجيبون له بالحب وبالرغبة لا بالخوف ولا بالكراهية.

2 ـ ضبط النفس والاتزان العاطفي: ويأتي ذلك من خلال عدم انفعال المدير مع العاملين معه لأتفه السباب.

3 ـ مراعاة العوامل النفسية للعاملين معه: ويأتي ذلك من خلال التأكد على القيم الإنسانية وبث روح المثل العليا التي هي جوهر التربية والتعليم

4ـ أن يتمتع بالسلوك السليم والشخصية والمحبوبة: ويأتي ذلك من خلال الانسجام في المظهر والأناقة في الملبس والنظام في العمل واحترام الآخرين وتحمل المسئولية ومراعاة الجوانب الإنسانية.

5 ـ الصدق والعدالة والثبات والموضوعية والمبادئ والمثل العليا والديمقراطية.

وبالإضافة إلى الصفات الشخصية التي يجب أن يتحلى بها مدير المدرسة الناجح متمثلة بالصحة الجسمية والنفسية وقوة شخصيته، يوجد هناك اتجاه سائد في ظل المفهوم الحديث للإدارة المدرسية يؤكد أن مدير المدرسة هوقائد تربوي يتولى عمليات الإشراف على المعلمين وحفزهم، والإشراف على البرنامج التعليمي وتطويره، وإدخال تحسينات على طرائق التدريس وأساليبه، وإعطاء المعلمين الفرصة للتكييف المواد مع المتطلبات الفردية، والمشاركة في عملية التدريس الصفي (السفاسفة، 2005، 177).

ولأهمية الدور القيادي والإداري الذي يقوم به مدير المدرسة توجب أن يتصف بالصفات الآتية :

1- الأمانة: وهي شرط لنجاح كل عمل لكنها في المسئول أكثر ضرورة.

2- العلم والخبرة: إذ بدون العلم يبقى المدير تقليديا يمارس ما تعلمه في ميدان العمل عبر السنين وبدون الخبرة يبقى علم المدير نظريا لا يسعفه عند الحاجة إليه في المواقف العملية. وبناء على ذلك يتوجب عليه الإطلاع على مفاهيم الإدارة الحديثة وأساليبها، ويؤمن بالعلاقات الديمقراطية مع المعلمين والتلاميذ.

3- القوة والقدرة على التنفيذ: والقوة هنا معنوية والتي تتأتى من خلال امتلاكه الصلاحيات والقدرة على تنفيذ القرارات.

4- التواضع في التعامل: وذلك لكسب قلوب الناس والعاملين معه، فيسعى الجميع للتعاون معه.

5- الحلم والصبر: وهما شرطان لكل من تصدر في هذه الحياة وبدونهما فلا سيادة ولا ريادة. وبناء على ذلك على مدير المدرسة أن يكون متزنا انفعاليا، وأن لا يغضب بسرعة ويكون مرنا في مواجهة المشكلات التي تواجهه في عمله الإداري.

6- المشاورة: لأن المستبد قد يسير أجساد الناس للعمل لكن بدون قلوبهم.

7- الدهاء والفراسة: بمعنى أنه لا يخدع بسهولة.

8- أن يكون واعيا بعظم المهمة الملقاة على عاتقه.

9- أن يكون ميالا للتجديد في مجال عمله.

10- أن تكون لديه قوة التأثير على العاملين.

11- أن تكون لديه القدرة على العمل الجماعي التعاوني.

12- أن يكون قادرا على حسم الأمور وعدم التردد ونجاحه في الأمور ذات التأثير الكبير على سير العمل في المدرسة.

13- أن يتبنى أسلوب التخطيط والبرمجة العلمية للعمل.

14- أن يعتمد الصدق والوضوح والموضوعية في عرضه للأمور، دون تميز أو محاباة حتى يحظى باحترام الجميع ويكسب ثقتهم.

15- أن يكون قادرا على المتابعة والتقويم (حامد، 2009، 39)، و(صخي وآخرون، 1992، 31 ــ 33).

بعض الأساليب الأساسية في الإدارة:

إن أهم الأساليب الأساسية في الإدارة تتمثل بما يأتي:

1ـ أسلوب (Y)وأسلوب (X):

ويعود هذان الأسلوبان إلى نظرية (ماكريجور)والتي تعد نظرية في فلسفة الإدارة تحليلا مقارنا بين الاتجاه التقليدي ومدارس الاتجاه السلوكي في موقفها من عملية القيادة والاتصال أي في كيفية فهم العلاقة بين الفرد والمنظمة.

لقد أعطى ماكريجور نموذجين للافتراضات المتعارضة بين التقليدين والسلوكيين فأعطى الاتجاه التقليدي رمز(X)والاتجاه السلوكي رمز (Y)، مفترضا أن لكل تصرف إداري إطارا فلسفيا يستند إليه المدير وبذلك تصبح الفلسفة التي يعتمدها رجل الإدارة محددا أساسيا للسلوك الإداري، أما سلوك الأفراد في المنظمة فانه يكون بصيغة استجابة لسلوك الإدارة ، وهكذا تصبح فلسفة الإدارة عاملا متحكما بالسلوك التنظيمي (أبوناصر، 2008، 25).

وفيما يأتي عرض لهذين الأسلوبين على وفق هذه النظرية:

أـ أسلوب (Y): وهذا الأسلوب في مجال الإدارة يقوم على الافتراضات التالية:

- يقبل الإنسان في العمل الذي يتطلب جهدا عقليا وجسميا إذا توافر الرضا عن هذا العمل.

- يمارس الإنسان عمليات التوجيه والضبط الذاتيين من أجل العمل على بلوغ أهداف التنظيم إذا كان ملتزما بأهدافه وتطلعاته.

- يستطيع الرجل العادي تعلم تحمل المسؤولية، لأن تحمل المسؤولية، والبحث عن الأمن الذاتي، كلها صفات مكتسبة.

- يؤمن الإنسان بأن الالتزام نوع من المكافأة، وأفضل الثواب الرضا وتحقيق الذات.

- الإبداع والقدرة على الخلق صفات تنتشر بين جميع الناس ولا تقتصر على عدد قليل منهم. (نشوان، 1992، 81).

ب ـ أسلوب (X): يقوم هذا الأسلوب في مجال الإدارة على الافتراضات التالية:

ـ إن الرجل العادي كسول بطبيعته ولا يحب القيام بعمله، لذا يجب حث الناس على القيام بعملهم، وتهديدهم بالعقاب لضمان سير العمل وتحقيق أهداف التنظيم.

ـ إن الكائن البشري بطبيعته يفضل أن يكون تابعا، ويسعى لما فيه أمنه.

ـ يتجنب الرجل العادي تحمل المسؤولية (نشوان، 1992، 79، 80).

2: أسلوب أرجريس في الإدارة:

ويرتكز هذا الأسلوب على الدوافع البيئية حيث يرى أن الإنسان يتدرج في حياته من عدم النضج إلى النضج، ولكل مرحلة من هاتين المرحلتين خصائص تميزه وتحدد سلوكه التنظيمي، ووفق هذا الأسلوب فإن صفات عدم نضج الإنسان هي:

- يكون سلبيا.

- يعتمد بشكل أساسي على الآخرين

- يستخدم أساليب قليلة لا تميزه عن الآخرين.

- اهتماماته ضعيفة وغير مجدية

- ضيق في رؤيته ومنظوره الزمني.

- يرغب في أن يكون من التابعين للغير.

- ضعيف الوعي وغير قادر على التحطم في تصرفاته.

أما صفات الإنسان الناضج على وفق أسلوب (أرجريس):

ـ نشيط وذوحيوية تميزه عن الآخرين.

- مستقل عن الآخرين

- قادر على التصرف بأساليب متنوعة

ـ لديه اهتمامات عميقة وقوية

- ينظر إلى الماضي والحاضر والمستقبل بمعنى لديه منظور زمني واسع

- يحب القيادة ولديه الإمكانات اللازمة لها.

3 ـ أساليب الإدارة التسلطية والديمقراطية والترسلية في الإدارة المدرسية:

أ: الإدارة التسلطية المدرسية:

إن أهم الأسس التي تقوم عليها الإدارة المدرسية التسلطية ما يأتي:

1ـ تندرج السلطة في هذا النوع من الإدارة من أعلى إلى أسفل.

2- يوجد فصل تام بين التخطيط والتنفيذ.

3- الولاء في هذا النوع من التنظيم يكون للرئيس، إذ يدين المرؤوس لرئيسه، ولا يدين الرئيس لمرؤوسيه.

4- التوجيه في هذا النوع من الإدارة يتخذ صيغة دكتاتورية.

5- دور مدير المدرسة في ظل هذه الإدارة دور رئيسي، أما دور المعلم دور ثانوي فلا يعمل أي عمل إلا باستشارة المدير معتمدا عليه في كل خطوة من خطواته.

6- هذا التنظيم الإداري يضعف من شخصية المعلم والعاملين ويسبب لهم القلق والاضطراب.

7- إن الإدارة التسلطية لا توفر مناخا ملائما لاحترام شخصية التلاميذ.

8- هناك تعارض بين التوجيه الفني الدكتاتوري والأسس والمبادئ العلمية (دمعة ورهيف ، 1976، 45 ـ47).

ويتصف سلوك المدير في الإدارة المدرسية التسلطية بما يأتي:

- يقوم بجميع الأعمال الإدارية.

- يتعامل مع المعلمين عن طريق الأوراق الرسمية.

- يلتقي مع المعلمين في اجتماعات رسمية محددة مواعيده مسبقا.

- يحرص على أن يكون في مكتبه معظم الوقت ويستدعي المعلمين بطريقة رسمية.

- يتحدث إلى المعلمين وأولياء الأمور بطريقة رسمية تشعرهم بأنه المسؤول الوحيد (نشوان، 1992، 172، 173).

إن اعتماد النمط التسلطي في الإدارة المدرسية يؤدي إلى:

- أن سير العمل في المدرسة مرهونا بوجود مديرها.

- إشاعة الكراهية بين أفراد مجتمع المدرسة.

- انعدام العلاقات الإنسانية بين جميع العاملين في المدرسة.

- تقل الاقتراحات البناءة الهادفة.

- يحاول بعض المعلمين التقرب إلى المدير.

- عدم مشاركة المعلمين باتخاذ القرارات (صخي، وآخرون،1992، 37، 38).

ب: الإدارة الديمقراطية المدرسية:

الأسس التي تقوم عليها الإدارة الديمقراطية المدرسية:

1. ترى الإدارة الديمقراطية أن أولى واجبات مدير المدرسة التعرف على الاستعدادات الخاصة للمعلمين وحدود قدراتهم وميولهم.

2. تنمية شخصية التلميذ والمدرس والمحافظة عليها.

3. تنسيق الجهود بين العاملين في المدرسة.

4. المشاركة في تحديد السياسات والبرامج المدرسية.

5. تكافؤ السلطة مع المسؤولية.

6. تكون التعليمات واضحة والواجبات محددة لكل العاملين في المدرسة.

7. مراعاة التوازن عند وضع البرنامج المدرسي وتنفيذه.

8. إنشاء برنامج للعلاقات العامة ودراسة المجتمع والمساهمة في حل مشكلاته. (دمعة ورهيف، 1976، 45 ـ 47).

ويتصف سلوك مدير المدرسة على وفق النمط الديمقراطي بالصفات التالية:

- يستخدم أنماطا متقدمة من العلاقات الإنسانية مع الآخرين.

- يجتمع بالتلاميذ للاستماع إلى مقترحاتهم وتلبية حاجاتهم.

- يفوض السلطة ويتحمل المسؤولية.

- يهتم برغبات المعلمين عند توزيع الدروس ووضع الجدول المدرسي.

- يعمل صندوقا خاصا بشكأو ي ومقترحات التلاميذ.

- يعمل على تشكيل لجان من المعلمين وتكليفها بمهام إدارية تقوم بأدائها.

- يجعل للتلاميذ دورا في العمل الإداري عن طريق اللجان الطلابية كالنظام والنظافة وغيرها (نشوان، 1992، 174).

ويؤدي اعتماد النمط الديمقراطي في الإدارة المدرسية إلى ما يأتي:

- يعمل العاملون بجومن الحرية والشعور بالأمن.

- تعاون العاملين فيما بينهم.

- تكثر الاقتراحات البناءة والهادفة.

- يقبل أفراد المجموعة آراء زملائهم ومقترحاتهم.

- يقل النقد بين المعلمين.

- يزداد تفاعل المعلمين مع عملهم.

- مشاركة المعلمين في اتخاذ القرارات.

- تزداد الروح المعنوية للمعلمين والإحساس بالمسؤولية مما يدفعهم إلى أداء مهامهم على أحسن وجه (صخي، وآخرون، 1992، 39).

ج: الإدارة الترسلية (المتساهلة)المدرسية:

إن هذا النمط من الإدارة المدرسية يترك لكل فرد من أفراد المدرسة أن يفعل ما يشاء، حيث تبدوالإدارة وكأنها غير موجودة لتتولى توجيه العاملين فيكون العمل غير منظم وكل فرد من أفراد المجموعة يعمل من غير رقابة أو توجيه وليس هناك هدف محدد أو خطة واضحة.

والمدير المتساهل يترك الحرية الكاملة للمعلمين والعاملين، ولا ينظم سير العمل، ويعتمد اعتمادا كليا على المعلمين والعاملين معه، ويفوض السلطة بشكل واسع على المعلمين، ويكون غير قادر على اتخاذ القرارات.

ويؤدي النمط المتساهل في الإدارة إلى النتائج الآتية:

- يفقد المدير السيطرة على العاملين مه.

- شعور العاملين بعدم القدرة على التصرف والضياع بسبب غياب التوجيه.

- كثرة المناقشات والتي لا تؤدي إلى رأي قاطع.

- عدم توافر الحماسة الحقيقية للعمل.

- تهرب العاملين من تحمل أية مسؤولية.

- التهور في تقديم المقترحات.

- الإخفاق في متابعة تنفيذ معظم القرارات.(صخي، وآخرون، 1992، 40).

عوامل تطور الإدارة المدرسية:

إن أهم العوامل التي ساعدت على تطور الإدارة المدرسية هي ما يأتي:

1ـ التطورات التي حصلت في علم الإدارة بشكل عام.

2ـ صار الطالب محور العملية التعليمية، وبالتالي أصبح دور الإدارة في ذلك توفير كل الظروف والإمكانات التي تساعده على تنمية شخصيته من جميع الجوانب.

3ـ تغير مفهوم التربية، حيث لم تعد المدرسة نقل التراث الثقافي فقط، بل صار للمدرسة وظيفة أخرى هي الوظيفة الاجتماعية.

4ـ ترسيخ مفهوم نظام المدرسة على أنه نظام مفتوح على المجتمع الذي يوجد به ويتأثر ويؤثر فيه.

5ـ تقدم البحوث التربوية والنفسية بشكل عام والذي انعكس على مفهوم الإدارة المدرسية.

6ـ أضفى استخدام النظريات والنماذج الصيغة العلمية في دراسة الإدارة المدرسية (آل ناجي، 2004، 55 ـ 57).

وقد كانت الإدارة المدرسية في الماضي تقوم على تنفيذ الأو امر الصادرة إليها من الرؤساء وتنحصر مهمتها في القيام على الأو امر الإدارية فقط وبمعزل عن المجتمع المحلي والبيئة من حولها. ونظرا لتطور مفهوم التربية، ومفهوم الإدارة المدرسية، فقد برزت في الأو نة الأخيرة اتجاهات حديثة في مجال الإدارة المدرسية تتمثل فيما يأتي:

- اعتبار المدير قائدا تربويا يعمل على تنمية المناهج التعليمية.

- استخدام جميع الطاقات المادية والبشرية المتوفرة لدى الإدارة.

- ممارسة الديمقراطية في التعامل مع الآخرين.

- إيجاد نظام جيد للاتصال مع المجتمع المحلي داخل المدرسة وخارجها.

- العمل على تعميق روح الانتماء والولاء للمدرسة (مصطفى، والنابه، 1986، 81).

التحديات التي تواجه الإدارة المدرسية:

ستشهد النظم التربوية وخاصة في البلدان النامية وهي على عتبة القرن الحادي والعشرين العديد من التحديات، وأهم هذه التحديات ما يأتي:

أولا: تصميم نظم إدارة تربوية فاعلة قادرة على التعامل مع الحضارة الديناميكية للقرن الحادي والعشرين: إن تشكيل مستقبل نظم الإدارة المدرسية يتطلب تصميم هذه النظم وفق أطر تمكنها من التعامل الفاعل مع الحضارة الديناميكية للقرن الحادي والعشرين وما تتضمنه من أبعاد فكرية اقتصادية وسياسية وإنسانية وتقنية ومنظومات قيمية عالمية ليس من اليسير التكهن المسبق بها. فمهمة الإدارة التربوية لا تكمن في بعد إعداد التلاميذ وتدريبهم، إنما في بعد تربيتهم وتسليحهم بالمهارات وبالمقدرة التي تمكنهم من أن يكونوا أعضاء فاعلين في مجتمعاتهم قادرين على التعامل مع نظمهم الاجتماعية ومؤسساتهم المختلفة ويتطلب هذا أن تكون المؤسسة التربوية بيئة ديناميكية يطور المتعلم عن طريقها معارفه وقيمه واتجاهاته كما يطور مهاراته وعاداته ضمن إطار من الإدراك العميق لقيم المجتمع ومسلماته وتطلعاته وطموحاته ليصبح المتعلم في النهاية جزءا ديناميكيا وفاعلا في البيئة التي يتعايش معها، وتحقيق هذا الهدف يتم بواسطة نموذج يشمل على ما يأتي:

1ـ تصميم نظم إدارية تربوية جديدة تسهم في وضع النظام التربوي في سياقه السليم كونه نظاما له شأنه ومكانته البارزة في المجتمع.

2ـ الاهتمام بإعادة صياغة المحتويات والمضامين الإدارية التربوية لتضم مفاهيم جديدة ضمن سيكولوجية لها دلالتها لإنسان المستقبل.

3ـ أن يتجاوز تفكير النظم الإدارية التربوية بعد الخطية إلى بعد غير الخطية، والتزامنية.

4ـ ضرورة الاهتمام بزيادة المواقع التربوية في المجتمع بمراعاة تحول التدريس من التركيز على البعد النظري المجرد إلى بعد المعايشة والممارسة والتعلم عن طريق العمل والتطبيق.

لذلك هناك ثلاث بدائل للتعامل مع مستقبل الإدارة التعليمية في القرن الحادي والعشرين وهذه البدائل تدور حول:

- الإدارة عبر الأجيال.

- الإدارة غير الرسمية.

- الإدارة عبر حرية المواقع.

- تكاملية المناهج الإدارية.

بذلك تصبح المدرسة جزءا أو مكونا حقيقيا من المجتمع وتنتقل من تمثل دور المؤسسة الاجتماعية إلى تجسد هذا الدور ومعايشته قولا وعملا، شعارا وتطبيقا.

ثانيا: تحدي التميز في الإدارة المدرسية: إن تحرك المجتمعات البشرية نحو القرن الحادي والعشرين بكل ما فيه من تطور تقني هائل وتنام في الآمال والأماني والطموحات الإنسانية، إضافة إلى ما يصاحب ذلك من تطور معرفي يتطلب من النظام الإداري التربوي إحلال تقنيات متميزة في مهارات التعامل مع مدخلات التقدم المتنامية المتزايدة التعقيد مما يشكل بدوره تحديا للنظام التربوي بعامة والإدارة التعليمية بخاصة (الصباب، 1999، 160)، (الصيرفي، 1995، 26، 27).

مسؤوليات وواجبات مدير المدرسة:

إن أهم المسؤوليات الملقاة على عاتق مدير المدرسة هي ما يأتي:

أـ مسؤوليات مدير المدرسة الفنية:

إن المسؤوليات الفنية التي ينبغي على مدير المدرسة القيام بها هي ما يأتي:

1ـ معرفة فلسفة المجتمع التربوية، والمناهج الدراسية التي تخص مدرسته، وأن يكون على

دراية بدليل المعلم والتعليمات الواردة من الوزارة والجهة المسئولة.

2ـ العمل على مساعدة جميع المعلمين وتوجيههم للعمل التربوي والتعليمي داخل الصفوف وخارجها، والقيام بتخطيط الاختبارات الدورية والإشراف على نتائجها وتنفيذها ويتم كل ذلك من خلال عملية التقويم.

3ـ معرفة جميع احتياجات المدرسة من الإمكانيات المادية والبشرية، كأعداد المعلمين، والتجهيزات اللازمة للعملية التعليمية.

4ـ التواصل مع أو لياء أمور التلاميذ، وتزويدهم بالتقارير اللازمة بتقدم أبنائهم التي تم إعدادها من قبله وبالتعأو ن مع المدرسين.

5ـ معرفة الطاقة الاستيعابية للمدرسة لاستقبال التلاميذ، والتأكد من ترتيب توزيع المعلمين على الصفوف.

6ـ عقد الاجتماعات واللقاءات والمؤتمرات على مدار العام الدراسي للقائمين على العملية التعليمة لإبلاغهم بالتوجيهات والتعليمات الصادرة من الوزارة ومديريات التعليم وشرحها ومناقشتها.

7ـ متابعة أحدث التطورات التربوية والتعليمية، ومدى توافقها مع ما معمول به في مدرسته

للأخذ بها إن كانت تحقق الفائدة وتسهم في تطوير التدريس والمناهج.

8ـ التعرف على استعدادات وقدرات المعلمين للاستفادة من جهودهم ومساعدتهم لرفع مستواهم العلمي والمهني.

9ـ توجيه المعلمين نحوتحقيق أهداف المدرسة، وتوجيه التلاميذ بما يتفق وخصائص نموهم ومتطلبات المجتمع التربوية.

10ـ تنمية القيم الأخلاقية النبيلة، والمثل العليا من خلاله باعتباره القدوة الحسنة للمعلم والتلميذ.

ب: مسؤوليات مدير المدرسة الإدارية:

تتمثل المسؤوليات الإدارية لمدير المدرسة بما يأتي:

1 ـ المسؤوليات الخاصة بالطلاب وتتمثل بما يأتي:

- تعليمات قبول الطلبة الجدد.

- قواعد عقوبات الطلبة.

- سجلات غياب الطلبة.

- قيمة الرسوم الدراسية وقواعد الإعفاء منها.

- برامج الأنشطة المدرسية والرحلات.

2 ـ المسؤوليات المتعلقة بالعاملين وتشمل:

- تنظيم وتوجيه ورقابة العاملين بالمدرسة من معلمين وإداريين وفنيين خدمات من ناحية الإجازات والتقارير السرية والرواتب والمكافآت والعلأو ات والعقوبات.

- توجيه العاملين في شتى الأمور العملية والسلوكية بما يتناسب وسلوك المدرسة.

- رفد المدرسة بالكتب المدرسية.

- تحديد لائحة عمل داخلية للمدرسة وأن يكون الجميع على علم بها.

- الإشراف على العاملين في المجال الصحي والاجتماعي.

3ـ المسؤوليات المتعلقة بالحسابات: ـ وتتمثل بإشراف مديرا لمدرسة على النواحي التالية:

- مراجعة السلف المستديمة والمؤقتة واعتمادها.

- تحصيل المصروفات الدراسية وحسابات الأنشطة وحسابات مجلس الآباء وكيفية التصرف فيها.

- حساب المبالغ المستحقة على المدرسة من مياه وإنارة وتليفون وتأمينات اجتماعية.

- إعداد كشوف الرواتب والأجور والمكافآت.

4ـ المسؤوليات المتعلقة بالمخاطبات: وتشمل الإشراف على:

- المخاطبات الرسمية الصادرة والواردة.

- مسؤولية طلب الكتب المدرسية المقررة والإشراف على توزيعها.

- إعداد كشوف بالكتب المسترجعة والأصناف الزائدة.

- طلب الأدوات والمستلزمات الخاصة بالعمل المدرسي.

- تكوين اللجان الخاصة بمراجعة واعتماد المشتريات، والمناقصات، والممارسات.

- الإشراف على ألتسليم والاستلام.

5 ـ المسؤوليات الخاصة بالتغذية:

ويشمل ذلك الإشراف على الوجبات الغذائية للتلاميذ وتوزيعها عليهم، وتوقيع الغرامات على المتعهدين في حالة مخالفة الشروط مع ضرورة إبلاغ المنطقة التعليمية بما يحدث من مجريات الأمور.

6ـ المسؤوليات الخاصة بالإشراف على المباني المدرسية:

ويشمل الإشراف على تنظيم العمل بها، والمحافظة على سلامة المباني في المدرسة وصيانة الأثاث والأدوات والتجهيزات وسلامة مضخات الحريق ووجود الإسعافات الأولية بها.

ج ـ مسؤوليات مدير المدرسة الخاصة بالمجتمع والتواصل معه:

ومن المسؤوليات الملقاة على عاتق مدير المدرسة هي علاقة المدرسة بالمجتمع

الخارجي من آباء وأو لياء أمور، ومؤسسات ومرافق وهيئات، وهذا يتطلب من إدارته وضع خطط وبرامج لتحسين علاقة المدرسة بالمجتمع الخارجي لجعل الحياة المدرسية أكثر نموا وفاعلية وانسجاما (حسان والعجمي، 2007، 107 ـ 109).

وهناك من يرى إن مجمل الواجبات التي يقوم بها مدير المدرسة رغم تعددها وتنوعها، فهي تتمركز حول محورين أساسيين هما:

أو لا: الأعمال ذات الطابع الإداري والتنظيمي:

إن الواجبات الإدارية والتنظيمية عادة ما تشغل معظم أو قات رجال الإدارة وهذا ينطبق أيضا على مديري المدارس، ومن الشكأو ي الشائعة بين العاملين في ميدان الإدارة المدرسية أن معظم أو قات المدراء يضيع في الأعمال الإدارية الجانبية، والروتينية، ولذلك لا يجدون من الوقت ما يسمح لهم بدراسة الأشياء التي يعتقدون أنها تمثل الأهمية الكبرى في عملهم والتي تتمثل بالجوانب الفنية.

وتتمركز الواجبات الإدارية والتنظيمية لمدير المدرسة في المجالات الآتية:

أ ـ التخطيط: ويعني أن يكون العمل مخططا بدقة قبل بداية العام الدراسي. لذا يجب على مدير المدرسة وضع خطة عمل تغطي كافة الأنشطة الإدارية التي يقوم بها في أثناء العام الدراسي.

ب ـ التنفيذ: وفيه يقوم مدير المدرسة بوضع الإجراءات والأنشطة الإدارية المقترحة موضع التنفيذ وكما يأتي:

1ـ معرفة السياسة التعليمية المعتمدة في بلده، ودور مدرسته في تحقيق هذه السياسة، لكي ينقل هذا الفهم والدراية للآخرين.

2ـ توزيع العمل على المعلمين، والعاملين، وكتابة الجدول المدرسي ، وتنظيم اليوم المدرسي، والأنشطة المدرسية، وتوفير الكتب واللوازم المدرسية، والعمل على إدامة نظام

جيد للاتصال، والاحتفاظ بسجلات منظمة للطلبة.

3ـ مواجهة المشكلات المدرسية اليومية التي تنشأ من خلال العمل، مثل مشكلات الغياب أو التأخير، وعدم احترام النظام المدرسي، والتقصير في أداء الواجبات، وإتلاف الأثاث، ودورات المياه وغيرها.

4ـ العمل على تعزيز علاقة المدرسة بالمجتمع المحلي، والقيام بدورها في النهوض به.

5ـ جدولة وإعداد الميزانية الخاصة بالمدرسة من حيث الوارد والمصروف.

ويمكن تحديد المهام الإدارية والتنظيمية لمدير المدرسة على مدار العام الدراسي وكما يأتي:

أ ـ الأعمال التي ينبغي لمدير المدرسة القيام بها قبل بدء العام الدراسي الجديد:

إن على مدير المدرسة أن يتهيأ لاستقبال أول يوم في العام الدراسي، وأن يكون كل شيء معدا ومرتبا، وأن تكون الصفوف الدراسية، وكل أقسام البناية المدرسية مهيأة ونظيفة، ويستحسن أن يعقد مدير المدرسة اجتماعا لهيئة التدريس قبل بدء العام بيومين أو ثلاثة أيام للاتفاق على وضع الترتيبات النهائية لبدء الدراسة.

كما وينبغي على مدير المدرسة أن يعرف القواعد والتعليمات التي تصدرها السلطات التعليمية التي يخضع لها سواء ما يخص الالتحاق أو الغياب والحضور، أو مواعيد الدراسة، وكثافة الصفوف، أو المقررات الدراسية، أو الامتحانات والكتب المدرسية وغيرها من التعليمات.

ويستحسن إعداد نشرة تتضمن توزيع الأعمال والواجبات على المعلمين والعاملين والأنشطة والتوجيهات والإرشادات التي ينبغي أن يقوموا بها، وأن تعطى لكل فرد منهم نسخة من هذه النشرة، والتي تساعده على التكيف مع عمله ويمكنه الرجوع إليها عند النسيان أو الحاجة.

وبناء على ذلك فإن أهم الإجراءات التنفيذية التي يمكن لمدير المدرسة القيام بها قبل بدء العام الدراسي فهي ما يأتي:

1ـ مدى تحقيق كفاية المدرسة من كافة التخصصات الموجودة فيها.

2ـ التأكد من وجود الفنيين، والإداريين الذين تحتاجهم المدرسة.

3ـ التأكد من وجود الكتب، والأجهزة التعليمية والوسائل التعلمية، وملاءمة المبنى المدرسي ومحتوياته.

4ـ التأكد من تجهيز قاعات التدريس، وسلامة المعامل، والملاعب. ـوالتأكد أيضا من أن الأجهزة التعليمية والوسائل والتقنيات التعليمية متوافرة وصالحة للعمل.

5ـ التأكد من نظافة البناية المدرسية.

6ـ التأكد من إمكانية توظيف المكتبة المدرسية وتوفير الكتب اللازمة.

7- توزيع الجدول المدرسي بشكل سليم ووفق المعايير المعتمدة في النظام المدرسي.

8- توفير جميع السجلات المدرسية كسجلات دوام المعلمين وسجل الاجتماعات الإدارية، وسجل حضور وغياب التلاميذ، وسجل الكتب المدرسية، وسجلات القيد العام للتلاميذ وغيرها من السجلات المعتمدة في المدرسة.

ب ـ الأعمال التي ينبغي لمدير المدرسة القيام بها في أثناء العام الدراسي:

إن أهم المهام الإدارية التي يقوم بتنفيذها مدير المدرسة في أثناء العام الدراسي تتمثل بما يأتي:

1ـ الاجتماعات الإدارية: يقوم مدير المدرسة بتحقيق وتنفيذ عدد من الاجتماعات الإدارية مع المعلمين لمناقشة أمور إدارية تهم المدرسة والنظام المدرسي، ومن أنواع هذه الاجتماعات: ـ الاجتماعات المدرسية الإدارية، والاجتماعات المدرسية الفنية، وغيرها من الاجتماعات الأخرى.

2ـ التأكد من حضور وانصراف المعلمين، وغياب الطلبة، ويكون هذا بشكل مستمر، مع مراعاة أن لا يكون هذا مدعاة ضيق وتضجر من قبل المعلمين والطلبة، بقدر ما يكون الجميع على علم بالحضور والانصراف.

3ـ مراقبة حضور وانصراف الإداريين والفنيين والعمال، وهذا يتم أيضا وفق تنظيم إداري، يشعر العاملين بدورهم الضروري بالمدرسة على شكل منظم ومنسق.

4ـ كتابة التقارير الدورية والسرية والطارئة، ويأتي هذا لتوثيق الحالات التي تمر بها المدرسة، والاستفادة منها مستقبلا وعند الحاجة أيضا.

5ـ تأمين الإمكانات المالية اللازمة لإدارة المدرسة وتلبية حاجاتها في أثناء العام الدراسي للعمل على سد الثغرات المادية التي يحتاجها جميع العاملين في المدرسة، لأن الجانب المالي عنصر أساسي في استمرارية العملية التربوية والتعليمية.

6ـ صيانة البناية المدرسية ومرافقها، وتكون هذه الصيانة بشكل مستمر وبإشراف دقيق ومباشر من قبل مدير المدرسة وأعضاء الهيئة التعليمة كافة لأن صيانة بناية المدرسة ونظافتها في أثناء العام الدراسي يبعث على النشاط والحيوية لدى جميع أعضاء هيئة المدرسة.

7ـ مواجهة المشكلات الإدارية الطارئة، وتأتي هذه المواجهة من خلال تهيؤ إدارة المدرسة لكل ما يحدث من خلال أخذ كافة الاحتياطات اللازمة لكل طارئ ومستجد.

8ـ تنظيم العمل التربوي المدرسي والعمل بروح الفريق، وتشكيل اللجان الثقافية والصحية والاجتماعية من أجل أن تكون العملية التعليمية سائرة بشكل صحيح وسليم من قبل الجميع وعدم اقتصارها على مجموعة دون أخرى، بل يجب أن تكون مسؤولية الجميع إدارة ومعلمين وعاملين وطلبة.

ج ـ الأعمال التي ينبغي لمدير المدرسة القيام بها في نهاية العام الدراسي:

إن أهم المهام الإدارية التي يقوم بها مدير المدرسة في نهاية العام الدراسي تتمثل بما يأتي:

1ـ التهيؤ لإجراء الامتحانات من خلال التخطيط والإعداد لها والعمل على تنفيذها مع الأخذ بنظر الاعتبار كل التوقعات التي يمكن أن تطرأ خلال عملية التنفيذ.

2 ـ استلام اللوازم والأجهزة من المعلمين والإداريين.

3ـ جرد الكتب، واستلامها من الطلبة لغرض الاستفادة منها في السنوات اللاحقة، والتي قد يستفيد منها الطلبة الجدد في كافة المراحل الدراسية، وتسد النقص في الكتب إن وجد.

4ـ استلام السجلات التي بحوزة المعلمين والإداريين.

5ـ استلام المبالغ التي قد تكون بحوزة المعلمين والإداريين.

6ـ كتابة تقرير شامل عن ما تم في العام الدراسي، وتقديم المقترحات للعام المقبل.

ثانيا: الأعمال ذات الطابع الفني:

إن للمهام الفنية أهمية كبيرة في عمل مدير المدرسة إذا ما أحسن استخدامها من قبل إدارة المدرسة، حيث تسهم في تحسين العملية التربوية والتعليمية، والرقي في مستواها. ويأتي في مقدمة هذه المهام وقوف مدير المدرسة بشكل مستمر على حالة التعليم والتدريس في مدرسته، وتوزيع الطلبة على أساس متجانس، أو غير متجانس، وتطوير أساليب الأداء والتدريس، وتطوير البرامج والأنشطة التعليمية، ومساعدة المعلمين القدماء على زيادة كفاءتهم وأدائهم، وكذلك مساعدة المعلمين الجدد على الاندماج في أسرة المدرسة. (الزهيري، 2008، 102 ـ 107).

ويمكن لمدير المدرسة أن يقوم بالأعمال الفنية من خلال ما يأتي:

- العمل على متابعة سير العملية التربوية في المدرسة وتحسين مستواها من جميع جوانبها .

- العمل على تطوير أداء المعلمين والمعلمات والإسهام في ترشيحهم للبرامج التدريبية وحثهم على الإقبال عليها.
- ـ إطلاع المعلمين والمعلمات على التعميمات والنشرات التي تصدرها الوزارة أو إدارات التعليم.
- تنمية القيم والأخلاق والمثل العليا كالصدق والعدالة وغيرها.
- ـ زيارة المعلمين والمعلمات في الصفوف الدراسية لمتابعة تدريسهم وتدوين الملاحظات عنهم وتوجيههم.
- تقويم جميع العاملين في المدرسة بشكل مستمر، ومساعدتهم على النموالمهني المستمر (الدعيلج، 2009 ، 215).

وقفات في إدارة الصف :

أولا: إدارة الصف وأهميتها:

لم تعد إدارة الصف مفهوم يقترن بأساليب السيطرة والنظام داخل الصف، بل صارت أو سع من ذلك نتيجة ما أفرزته الأبحاث التربوية والاجتماعية التي أكدت أهمية إدارة الصف بوصفها سلسلة من العلاقات الإنسانية والمهارات الإدارية والتنظيمية التي تسهم في بناء شخصيات الطلبة وإكسابهم السلوك المرغوب فيه اجتماعيا.

وتعد مهارة إدارة الصف من المهارات الأساسية للمدرس، وهي تقع ضمن المهارات التي يجب أن يطلع عليها مديري المدارس ويتعاملوا معها بأسلوب متعأو ن مع مدرسيهم من أجل أن تكون هذه المهارة الصفية في مستوى عال من الجودة والإتقان المستمر.

ويرى القائمون على العملية التدريسية في كثير من الدراسات إلى أن التدريب على مهارات إدارة الصف لها أهمية كبيرة في الإدارة الصفية، وبأن هذا التدريب يعد متطلبا

سابقا لنجاحهم في مهنتهم كمدرسين، وتشير نتائج عدد من الدراسات أيضا إلى أن قضايا التعامل مع مجموعات الطلبة والانضباط تمثل مصدر التوتر الأساسي للمدرسين الجدد.

ومن هنا صار تدريب المدرسين على مهارات الإدارة الصفية وإتقانهم لها أمرا ضروريا لأنه سيسهم في تخليصهم من أحد أهم مصادر الضغط والشعور بالضيق التي تصاحب أداءهم لعملهم، ألا وهي سلوك الطلبة غير المقبول ومشكلات الانضباط الصفي. ويعجز الغالبية من المدرسين الجدد عن تقديم ما يمتلكونه من معرفة بسبب عدم إفساح الفرصة لهم من قبل بعض الطلبة الذين يستمرون في إثارة الفوضى والتحرك المستمر.

إن تحقيق أهداف التعليم أمر مستحيل بدون تحقيق مستوى مناسب من الانضباط الصفي، وعليه فإن إدارة الصف باتت فوائدها تعمل كعنصر وقائي يحول دون ظهور المشكلات والسلوك غير المقبول في غرفة الصف. وعليه فإن المعلم الفعال هوالقادر على منع حدوث المشكلات والوقاية من ظهورها، وليس الذي ينتظر ظهورها ثم يتعامل بفاعلية.

ومن المعلوم إن أحد أهداف المدرسة هوالتدريس، وعندما نتطرق إلى التدريس فمن أو لويات ما يتبادر إلى الذهن هومكان عملية التدريس، ومن يقوم فيها، وعلى هذا الأساس صار الصف حاضرا في عملية التدريس، وأصبح المدرس مديرا ومدرسا في نفس الوقت، وهكذا برزت إدارة الصف آخذة مكانها البارز في المواقف التعليمية.

ثانيا: مفهوم إدارة الصف:

إن إدارة الصف تعني جميع الخطوات والإجراءات اللازمة لبناء والحفاظ على بيئة صفية ملائمة لعمليتي التعليم والتعلم. كما أنها تعني الطريقة التي ينظم بها المدرس عمله داخل غرفة الصف ويسير بمقتضاها لغرض الوصول إلى الأهداف التربوية التي يريد تحقيقها من المحاضرة أو الدرس.

وإدارة الصف عبارة عن مجموعة من النشاطات التي يسعى المدرس من خلالها إلى تعزيز السلوك المرغوب فيه لدى الطلبة، ويعمل على إلغاء وحذف السلوك غير المرغوب فيه لديهم (أبوناصر، 2008، 147).

ويمكن النظر إلى إدارة الصف على أنها العملية التي تهدف إلى توفير تنظيم فعّال داخل غرفة الصف من خلال الأعمال التي يقوم بها المدرس، وذلك بتوفير الظروف اللازمة لحدوث التعليم بضوء الأهداف التعليمية التي سبق أن حددها بوضوح لإحداث تغييرات مرغوب فيها في سلوك المتعلمين تتفق وثقافة المجتمع الذي ينتمون إليه من جهة وتطوير إمكاناتهم إلى أقصى حد ممكن في جوانب شخصياتهم المتكاملة من جهة أخرى (علي، والدليمي، 2006، 9).

إن الصف وحدة اجتماعية ويكون للطالب كمجتمع منظم تحكمه قواعد وعلاقات تفاعلية سواء أكانت مع المدرس أو مع الطلبة الآخرين، ويكون مكانا للحياة الديمقراطية يعمل فيه الجميع متعاونين، ويتاح فيه للطلبة النموالسليم ليصبحوا مسئولين عن سلوكهم، ومساهمين في حياة المجتمع إسهاما إيجابيا فعالا، حيث لم يعد الصف مجرد مكان يعمل فيه الطالب ويستمع إلى ما يقوله المدرس، بل صار أحد التنظيمات الصغيرة ضمن السلم التنظيمي للعملية التربوية، وأساس التعلم الناجح في المؤسسة التربوية، ومرتكزا على إدارة ناجحة.

ثالثا:أهداف إدارة الصف:

تتحدد أهداف إدارة الصف بما يأتي:

- توفير المناخ التعليمي التعلمي الفعّال.

- توفير البيئة الآمنة والمطمئنة للطلبة.

- مراعاة النموالمتكامل للطلبة. (أبوناصر، (2008، 148).

- رفع مستوى التحصيل العلمي والمعرفي لدى الطلبة.

رابعا: ملامح الصف الرئيسية والسلوك الإداري للمدرس فيه:

إن الملامح الصفية الرئيسية والوقفات الإدارية والسلوكية التي ينبغي على المدرس معرفتها وكيفية التعامل معها هي ما يأتي:

1ـ تنوع النشاطات وتعددها: إن غرفة الصف مكان مزدحم يشتمل على نشاطات كثيرة ومتنوعة ففيه يقوم الطلبة باستلام الخبرات والمعلومات والقيام بإجراء المناقشات وفيه ينشئون صداقات أو عدأو ات وفيه يحتفلون بمناسبات معينة، الخ...

فالمدرس لا يقوم بالتدريس فقط، فهويضبط سلوك الطلبة ويقيم علاقات معهم وينقدهم أو يعززهم وهكذا أيضا، فان تنوع الموضوعات التي يتعلمها في غرفة الصف تفرض تنوع في الأنشطة والأحداث التي تظهر فيها.وان من المهم لأي غرفة صفية أن تكون قادرة على استيعاب جميع هذه الأنشطة بكفاءة دون أن يؤثر هذا على مخرجات عملية التعليم ، وهذا يستدعي من المدرس امتلاك مهارة تمكنه من إدارة هذه النشاطات بطريقة تقلل من احتمالات ظهور أي شئ يعطل من محأو لات الطلبة الساعية نحوتحقيق أهداف عملية التعلم.

2- حدوث بعض الأنشطة الصفية في وقت واحد: في غرفة الصف قد تحدث عدد من الأنشطة الصفية متزامنة وفي نفس الوقت. فمن الشائع إن نجد في غرفة الصف مجموعة من الطلبة يناقشون مسالة ما مع المدرس،في حين أي مجموعة أخرى لا تحأو ل حل المسالة، وفي زاوية الصف قد تكون مشادة كلامية بين طالبين، وهكذا...إن مثل هذا التزامن في حدوث عدد كبير من النشاطات في آن واحد يتطلب من المدرس إن يمتلك عينين إضافيتين لمساعدته على الإلمام بكل ما يحدث، كما يحتاج عقلا ويدين إضافيتين لمساعدته على إدارة ما يحدث بشكل فعال، فالمدرس بحاجة إلى مهارة توزيع تركيزه لإظهار أكثر من ردة فعل في الوقت نفسه.

3- صعوبة التخطيط للأنشطة الصفية: إن الأنشطة تحدث بسرعة داخل الصف ومن الصعب التخطيط المسبق لردة الفعل المناسبة. وهذا ما يجعل المدرس بحاجة إلى امتلاك

مجموعة من البدائل التي تساعده في الاستجابة المناسبة لكل ما يحدث، حيث يكون حاضر الذهن ويمتاز بسرعة البديهة التي تمكن من التعامل مع الأحداث السريعة التي لا تحتمل التأجيل.

4- صعوبة توقع ما قد يحدث بشكل مفاجئ: إن كثيرا من الأحداث التي قد تظهر في غرفة الصف قد تكون وليدة اللحظة ومفاجئة ،وهذا يصعب على المدرس التوقع أو التنبؤ بها، فمن الصعب التوقع بان المعأو ن الإداري سيقطع على المدرس والطلبة حصتهم ليقوم بعمل معين مع الطلبة، كما انه من الصعب التوقع بان المرشد التربوي سيطرق باب الغرفة الصفية ليستدعي احد الطلبة،وقد يتشاجر اثنان من الطلبة ويكون شجارهما مفاجئا، وقد يفقد احد الطلبة وعيه أو قد يسيل الدم من انفه فجأة وهكذا إن كل هذه الأحداث تحدث بشكل مفاجئ إن عدم القدرة على التوقع حول هذه الجوانب تجعل من عمل المدرس مرهق جدا، وتعتمد قدرة أي فرد على الاستجابة الصحيحة في المواقف المختلفة على مدى توقعه بما سيحدث لاحقا. فعندما يتوقع احدنا حدثا ما ،حتى لوكان سيئا فانه يتهيأ له ويستجيب إليه بطريقة مناسبة.

5- فقدان خصوصيته: إن سلوك المدرس وحديثه وتعبيره عن مشاعره تتم مراقبتها من قبل جميع طلابه ولهذا فان من المستحيل للمدرس أن ينفرد بلحظة خصوصية واحدة، فهو كالممثل على خشبة المسرح الذي هوتحت المراقبة من قبل الجمهور، إن هذا الأمر يضع عبئا كبيرا على المدرس، فهويحتاج إلى التفكير بكل سلوك من سلوكياته مهما كان بسيطا، وان بحسب النتائج التي قد تترتب على هذا السلوك والطريقة التي سيستخدمها الطلبة لتفسيره. فالطلبة يلاحظون أسلوب المدرس في الحديث، وهم يلاحظونه عندما يتأخر في الحضور عن الموعد المحدد للمحاضرة أو عندما يتعمد إضاعة الوقت، كما يلاحظونه إذا انفعل أثناء التعامل مع السلوك غير المقبول، أو إذا ميّز في المعاملة بينهم وهكذا أيضا يلاحظ الطلبة المدرس عندما يكون عادلا ومتزنا وملتزما بالوقت وهادئا...الخ. وفي المقابل فان المدرس من جهته يقوم بمراقبة سلوكيات الطلبة ويستجيب للمظاهر غير المقبولة منها. وحتى لوتجنب الطلبة انتباه المدرس ومراقبته لسلوكه ، فان احد ما في

الصف(طلابا آخرين) سوف يلاحظون هذا السلوك.أخيرا فانه من الصعب أن يدور نقاش خاص بين أي مجموعة داخل غرفة الصف. فكل ما يحدث ويقال هوعام ذلك انه يحدث تحت مرأى ومسمع الجميع.

6-   وجود عامل الخبرات السابقة وزمن حصولها: إن الطلبة يتذكرون درجات ومستوى تحصيلهم، ويتذكرون العبارات غير المقبولة التي قالها المدرس لهم ، ويتذكرون مدى ثبات المدرس في التعامل مع سلوكياتهم المقبولة وغير المقبولة، ويتذكرون خبرات النجاح والفشل وغيرها، وكل هذا يعني إن التاريخ هومعلم من معالم غرفة الصف، حيث إن سلوك الطلبة في حصة ما قد يتأثر بتاريخهم في الحصة السابقة، وان سلوكهم في الحصة القادمة قد يتأثر في الحصة الحالية أيضا، ويمكن القول إن اتجاهات الطلبة الحالية نحوموضوع معين قد يكون انعكاسا وامتدادا لتاريخ خبراتهم السابقة في تعلم هذا الموضوع وهكذا.

إن المدرس الذي يريد أن يحقق نجاحا في إدارة الصف بما فيه من نشاطات وسلوكيات مختلفة أن يراعي في إدارته الصفية الملامح الصفية العامة المشار إليها أعلاه، وبالإضافة إلى ذلك عليه مراعاة الجوانب الآتية عند قيامه بعمله التدريسي والإداري في الصف وهي كما يأتي:

1ـ الإيمان بأهمية العمل الذي يقوم به في الصف بشكل واع وعميق.

2ـ أن يعتمد نظام الجودة كنظام إداري داخل الصف وان يكون ملما ومتفاعلا بدور المؤسسة التربوية في هذه الجودة من خلال ما يأتي:

أ- نشر ثقافة التميّز في التدريس.

ب- تحديد معايير الأداء المتميز.

ج- تدريب طلابه على الأسئلة التفكيرية المتنوعة والمختلفة.

د- تدريب طلابه على استقراء مصادر التعليم.

هـ- يعمل على إكساب طلابه القدرة على تنظيم الوقت والنشاطات المختلفة الأخرى.

3ـ أن يكون مدركا إلى إن امتلاكه مهارات تدريسية فقط لا تقوده إلى النجاح في عمله مالم تكن لديه القدرة والمهارة في إدارة صفه وتنظيمه.

4- أن يكون ملما بطبيعة ونوعية الأساليب الإدارية التي يمارسها في إدارة صفه، كالأسلوب الديمقراطي والأسلوب التسلطي والأسلوب الفوضوي وغيرها من الأساليب الأخرى، لكي يكون تعامله مع المواقف التعليمية داخل الصف ايجابيا لما توفره هذه الأساليب من الخبرة في كيفية التعامل بحسب طبيعة وثقافة وفلسفة المجتمع الذي ينتمي إليه هؤلاء الطلبة.

5ـ مراعاة إشراك الطلبة في العملية الإدارية داخل الصف كالتخطيط والتنظيم والتوجيه والاتصال والتنسيق والعلاقات الإنسانية   واتخاذ القرار وغيرها من مهمات العمل الإداري باعتبار أن المدرس هومديرا لصفه وعليه أن يشعر طلبته بأهمية هذه المهام الإدارية والعمل معا على تطبيقها بجد ومثابرة وعدم التهأو ن عندما يكون انتهاكا لها فمثلا عندما يتفق مع الطلبة على اتخاذ قرار بتحديد موعد امتحان في وقت معين على الجميع الالتزام بذلك المدرس والطلبة عدا الحالات الحرجة جدا. وكذلك ولغرض إدامة العلاقات الإنسانية على الجميع تفقد احدهما الأخر مدرس وطلبة وبين الطلبة أنفسهم كما في حالات المرض أو الفرح وغيرها، وتفعيل التعاون من قبل الجميع على حل جميع المشكلات التي تعترضهم.

6ـ تطبيق النظام المدرسي والتعليمات المدرسية داخل الصف بشكل فعال وان يعمل الجميع على تطبيقه كحالات التأخر في دخول المحاضرات أو عدم تطبيق الزى الموحد....الخ من فقرات النظام المدرسي، وعدم ترك متابعة مثل هذه الأمور والتعليمات على إدارة المؤسسة التربوية فقط.

خامسا: أساليب إدارة الصف:

إن أكثر أساليب إدارة الصف شيوعا هي ما يأتي:

1- المدرس التسلطي: ويتميز سلوك المدرس في هذا الأسلوب بما يأتي:

- عدم السماح بالنقاش داخل غرفة الصف.

- الاستبداد بالرأي وعدم السماح للطلبة بالتعبير عن آرائهم.

- يفرض على الطلبة ما يجب أن يفعلوه ومتى وكيف.

- يستخدم أساليب القسوة والتخويف.

- يتوقع التقبل الفوري لكل أو امره من طلبته.

- يعتقد أن الطلبة لا يوثق بهم إذا ما تركوا لأنفسهم.

- يحاول أن يجعل الطلبة يعتمدون عليه شخصيا وباستمرار.

- لا يؤمن بالعلاقات الإنسانية بينه وبين طلبته ولا يتعرف على مشاكلهم.

2- المدرس الفوضوي:

وهذا الأسلوب من إدارة الصف يترك فيه المدرس الحرية كاملة للطلبة لاتخاذ قراراتهم والقيم بالأنشطة الفردية والجماعية التي يريدونها دون متابعة ولا يتابع حضورهم أو غيابهم. وتنعكس الآثار السلبية لهذا الأسلوب على عدم حدوث تعلم حقيقي للطلاب.

3ـ المدرس الديمقراطي:

ويكون سلوك المدرس الديمقراطي في إدارة الصف كما يأتي:

- إشراك الطلبة في المناقشة وتبادل الرأي ووضع الأهداف ورسم الخطط واتخاذ القرارات.

- إتاحة فرص متكافئة لجميع الطلبة.

- احترام آراء الطلبة وفرديتهم.

- يعمل المدرس على خلق جومن الثقة بينه وبين الطلبة.

- يعمل المدرس على استثارة القدرة الابتكارية عند طلابه وتنميتها باستمرار.

- يعمل المدرس على تنمية الاعتماد على النفس وتحمل المسؤولية عند الطلبة.

وبالتأكيد إن مثل هذه السلوكيات تؤدي إلى تحسين عملية التعليم والتعلم وذلك لتجاوب الطالب مع المعلم وحبه وتقديره له مما يؤدي إلى تكامل شخصية الطالب من جميع جوانبها (علي، والدليمي، 2006، 31).

الإدارة الإلكترونية المدرسية:

تعد الإدارة الإلكترونية المدرسة الأحدث في الإدارة التي تقوم على استخدام الإنترنت وشبكات الأعمال في انجاز وظائف الإدارة ووظائف المؤسسات في الإنتاج والأفراد وتطوير العمليات والمنتجات بطريقة التشبيك الإلكتروني (نجم، 2011، 212).

فقد بات عصر التعليم الإلكتروني واقعا ملموسا في العديد من الدول الأجنبية منها والعربية، وببزوغ هذه النقلة النوعية في المنظومة التعليمة في ظل التعليم الإلكتروني وإدارة المؤسسات التعليمية إلكترونيا ظهرت الحاجة لوضع هذه المنظومة في مسار إلكتروني يسهل التعامل مع مختلف قطاعاته، وهذا ما أدى لظهور البوابات الإلكترونية في المؤسسات التعليمية.

والإدارة الإلكترونية إستراتيجية إدارية لعصر المعلومات، تعمل على تحقيق خدمات أفضل للمواطنين والمؤسسات مع استغلال أمثل لمصادر المعلومات المتاحة من خلال

توظيف الموارد المادية والبشرية والمعنوية المتاحة في إطار الكتروني حديث من اجل استغلال أمثل للوقت والمال والجهد وتحقيقا للمطالب المستهدفة وبالجودة المطلوبة.

ونتيجة للتطورات العلمية،واستخدام تقنية المعلومات، والاتصالات في التعليم، ظهرت الحاجة الماسة لوضع استراتيجيات لتطوير التعليم وإصلاحه، فظهر ما يسمى بالإدارة الإلكترونية للمؤسسات التعليمية، كخيار استراتيجي لتطوير التعليم والنهوض به، ومن أجل إعادة هندسة مؤسسات التعليم.

ولو تتبعنا التطور التاريخي للمجتمع نجده مر بخمس عصور تاريخية كما يرى بيرنارد بور (.B. H Boar)وهي:

1ـ العصر البدائي: وكانت فيه قاعدة الثروة هي القدرة على الصيد.

2ـ العصر الزراعي: وكانت فيه قاعدة الثروة في المجتمع الأرض الزراعية ورمزها المحراث الزراعي.

3ـ العصر التجاري: وكانت قاعدة الثروة فيه هي تبادل السلع أو التجارة التي تقودها الشركات التجارية.

4ـ العصر الصناعي: وكانت قاعدة الثروة فيه تتمثل بالأرض ورأس المال ورمزها المحرك البخاري.

5ـ عصر المعلومات: وفيه قاعدة الثروة والقوة تتمثل بالمعلومات والمعرفة والقدرة على تكوينها وتراكمها وتقاسمها واستخدامها بكفاءة عالية، ورمزها الحاسوب والمعلومات المعالجة بالشركات التي تستخدم الحاسبة وتكون كثيفة المعرفة وكذلك التقاسم والتشارك الشبكي في هذه المعرفة (B.H.Boar , p5, 1995)

والإدارة بمفهومها التقليدي القائم على الهرمية والتقسيم المبني على التخطيط والأو امر في الأعلى مقابل تنفيذ للخطط والأو امر في الأسفل لم تعد ضرورية وحاجة أساسية تتأتى من طبيعة عمل الأشياء والعلاقات بين الأفراد (نجم، 2011، 213).

حيث إن تطور علوم الإدارة الحديثة أدى إلى ظهور الحاجة إلى بعض الوسائل والأدوات والعلوم كالحاسبات، وعلم الإحصاء وتقنيات المعلومات الحديثة، التي تؤكد وتزيد من فاعلية الإدارة التربوية والمدرسية وتساعد إلى حد كبير في توفير الوقت والجهد والحصول على المعلومات الدقيقة التي تدخل في جميع مراحل العملية الإدارية: كالتخطيط والتنظيم والمتابعة والتوجيه والتقويم وغيرها.. لأنه في ظل هذا التطور السريع في كافة العلوم الإدارية وتخصصاتها، لا يمكن للإدارة أن تأخذ دورها الفاعل والنشط في تحقيق أهدافها المطلوبة من دون استخدام هذه الأدوات وهذه الوسائل الحديثة في الإدارة المدرسية.

وفي هذا الصدد يعد استخدام هذه الوسائل من التوجهات الحديثة في الإدارة المدرسية وهي: تتمثل باستخدام الوسائل التقنية والحاسب الآلي في عملياتها الإدارية، فلم تعد الإدارة قاصرة على مهمتها دراسة جميع العوامل التي تدخل في إطارها المنهجي، ثم ابتكار الأساليب والأنظمة التي تحكم سير العمل وتنظيمه بما يكفل تهيئة أفضل الظروف للعمل وعناصره لتنطلق بأقصى إمكانياتها لتحقيق أهداف محددة بدرجة عالية من الكفاءة (أحمد، 1979، 71).

وتختلف الآلات التي يستخدمها المدير تبعا لاختلاف الأعمال التي يقوم بها، ومن هذه الآلات الحاسوب،الماسحات الضوئية، الطابعات، الهاتف، الفاكس، المسجل، الإذاعة المدرسية، أجهزة العرض، مثل: الفيديو، والتلفزيون وجهاز عرض البيانات (Data Show) المتصل بالحاسوب، وجهاز العرض الرأسي، أجهزة عرض الصور، والملصقات، وغيرها من التقنيات التي يمكن أن تساعد المدير في مهامه اليومية (داركر، 1999، 149).

إن هذه التقنية الإدارية الحديثة، تعبر عن الثورة الإدارية، أو نمط من أنماطها، وإذا كانت الدول المتقدمة قد وجدت هذه الثورة الإدارية ضرورة لتطوير الحياة ودفع عجلة التقدم، وتعبيرا عن التقدم التقني الذي وصلت إليه في شتى مجالات الحياة، فإن الدول النامية ومنها الدول العربية، أكثر حاجة إلى ثورة إدارية، وخاصة في مجال التربية والتعليم

(ديفز، 1988، 71).

والتقنية التي يستخدمها المدير في عمله الإداري تتمثل بالآلات والأدوات والأجهزة التي تتداخل في الأساليب العلمية للتعامل مع العمليات الإدارية، فقد ظهر في الدول المتقدمة أساليب، وطرق، ووسائل حديثة فكانت (الميزانية المبرمجة)بديلا عن الميزانية التقليدية، والتخطيط بديلا عن الارتجال في تحديد المستقبل، والأدمغة الالكترونية بديلا عن وسائل التخزين التقليدية، وتحليل النظم بديلا عن القرارات الفردية.

ومن البرامج التطبيقية التي تستخدم في مجال الإدارة والإدارة المدرسية ما يسمى (البرنامج المتكامل)، وهذا البرنامج أعد خصيصا للتعامل مع مهام المدرسة بشكل متكامل ويتكون من أربعة عناصر برنامجية، وباستطاعتها التعامل مع معظم الأعمال الإدارية المدرسية وتشمل:

ـ الرسوم البيانية والمنحنيات: والتي تتيح للمدير التعامل مع هذه الرسوم والبيانات بشكل مرئي تمكنه من التعرف عل شكل النتائج.

ـ الكشوف الإلكترونية: والتي تتعلق بوضع نماذج مستقبلية للتخطيط وتقدير الميزانية. وما يتعلق بحاجات المعلمين، والعناية بالبناية المدرسية ومرافقها.

ـ قاعدة المعلومات: والتي تتيح للمدير جمع وتحديث كافة المعلومات الخاصة بالطلبة والمعلمين وغيرها (هارجروف، 2002 ، 60 ـ 62).

إن نظام الإدارة المدرسية يشمل الملفات والسجلات التالية:

1ـ سجل المشرف ومدير المدرسة.

2 ـ سجلات المعلومات الأساسية الخاصة بالمدرسة.

3 ـ سجلات الطلبة.

4 ـ سجلات الموظفين.

5 ـ ملفات الإرشاد والتوجيه.

6 ـ ملفات الجدول المدرسي.

7 ـ سجل السرية والتحكم

8 ـ سجل الاختبارات.

9 ـ سجلات الكاتب الإداري والإحصائيات.

10ـ سجلات المكتبة. (الراشد، 2004، 51 ـ 55).

وظائف الإدارة الالكترونية في المدرسة:

إن الوظيفة الإدارية لهذه الوسائل هي: التعامل مع المفاهيم الإدارية القديمة بأساليب تكنولوجية جديدة، أدت إلى تغيرات عميقة واسعة في بيئة الأعمال وأساليبها وطرق تنظيمها ومصادر ميزته التنافسية، ويمكن ملاحظة ذلك من خلال:

1ـ التحول من الإدارة المباشرة إلى الإدارة عن بعد.

2ـ إعادة بناء الأدوار والوظائف بما يحول الإدارة التي كانت صانعة القرار إلى إدارة استشارية، والانتقال من إدارة النشاط المادي إلى إدارة النشاط الافتراضي.

3ـ إزالة الفجوة التنظيمية بين الإدارة في الأعلى والعاملين في الأسفل والتحول من إدارة الأشياء إلى ألإدارة بالأرقام.

4ـ الانتقال من التنظيم الهرمي إلى التنظيم الشبكي.

5ـ التحول من القيادة المرتكزة على العاملين إلى القيادة المرتكزة على مزيج التكنولوجيا المستفيد.

6ــ الانتقال من قيادة الآخر إلى قيادة الذات

7ــ الانتقال من الرقابة إلى الرقابة الآنية المباشرة أولا بأول.

8ــ الانتقال من الزمن الإداري إلى زمن الإنترنت (جوهر، 1995، 114، 115).

الإدارة الإلكترونية في مجال التطبيق المدرسي:

لقد تعالت صيحات العاملين في ميدان الإدارة التربوية والمدرسية من حيث أن معظم وقتهم يضيع في الأعمال الإدارية الجانبية الروتينية، ولا يجدون متسع من الوقت يسمح لهم بدراسة الموضوعات ذات الأهمية الكبيرة في عملهم. وإن تعدد وتنوع المهام الإدارية المدرسية التي يقوم بها مدير المدرسة، سواء أكانت داخل المدرسة أو خارجها،تؤدي بالنتيجة إلى إرهاق المدير، وتشغل معظم وقته الإداري، ولمعالجة هذا الحال الذي يواجه المدرسة ومديرها في إنجاز مهامها، صار من المفيد الاستفادة من الحاسوب الذي يعد من الوسائل الضرورية التي تساعد الإدارة على تخزين البيانات وتدأو لها حيث يمكن استخدامه في تسجيل بيانات العاملين بالمدرسة والتلاميذ.

ويستطيع الحاسوب معالجة كميات كبيرة من البيانات معطيا نتائج بدون أخطاء، إذا أدخلت هذه البيانات بشكل صحيح. وإذا أدخل الإداري البيانات بشكل غير صحيح فإن نتيجة المخرجات ستكون غير صحيحة. لذا فإن درجة الدقة في خروج البيانات يعتمد على درجة دقة إدخال البيانات (شيلي وآخرون، 2011، 41).

والحاسوب جهاز إلكتروني يعمل تحت نظام من المعلومات مخزنة في ذاكرته ويستعمل المعلومات المدخلة ويعمل على معالجتها طبقا للأو امر الخاصة التي تقدم من قيل المستخدم والعمليات process لينتج المخرجات output ويعمل على تخزين المخرجات حتى يمكن استخدامها مستقبلا (شيلي وآخرون، 2011، 37).

ويمكن الاستفادة من مجالات الحاسب في المهام الإدارية، والفنية، واتخاذ القرارات، والاتصالات، والاجتماعات التي يقوم المدير بها ومنها:

1ـ تطبيق قواعد البيانات من خلال تنظيم المعلومات ووضعها في قاعدتها. ويمكن تصنيف قاعدة المعلومات حسب حقول متعددة يمكن تخزينها والبحث عنها بحسب عدة خيارات منها:

ـ توثيق جميع البيانات الخاصة بمعلمي المدرسة.

ـ تحديد احتياجات المدرسة من المعلمين، والكتب الدراسية وغيرها.

ـ حفظ السجلات الخاصة بالطلبة والأنشطة المدرسية، يمكن الرجوع إليها بشكل آلي يختصر الوقت ويقلل الجهد.

ـ تسهيل مهام عقد اجتماعات مجالس الآباء والمعلمين.

ـ وضع معلومات الكراس الإحصائي آليا.

ـ تساعد قواعد المعلومات في مراقبة سير العمل لان كل المعلومات أمام المدير على الحاسوب.

2 ـ تخفيف وتسهيل عمل المدير الكتابي في الجوانب الآتية:

ـ سهولة كتابة الخطابات مع أو لياء أمور الطلبة.

ـ إعداد التقارير للأعمال داخل المدرسة وخارجها وحفظها واسترجاعها عند الحاجة.

ـ وضع جدول المدرسة، وجدأو ل الانتظار، والإشراف لجميع المعلمين.

ـ إدخال بطاقات تقويم المعلمين للإفادة في توجيههم وتطوير أدائهم.

3ـ اعتماد الجداول الالكترونية في الإدارة: وهذه أحد الخيارات الأساسية لحفظ درجات الطلبة، وكتابة التقارير الشهرية حول مستوياتهم، وتقوم بتصحيح أي خطأ يطرأ عليها، فهي توفر الوقت والجهد للمدرسة، وبالتالي تسهيل مهمة الإدارة المدرسية.

4ـ اعتماد برامج الناشر المكتبي: التي بها يمكن تزويد إدارة المدرسة بنشرات إرشادية لتوضيح المهام التي تقوم بها، فعن طريق الناشر المكتبي يمكن تصميم صحيفة المدرسة ومعالجة محتوياتها، وأية نشاطات أخرى.

5ـ اعتماد تطبيق برامج الرسوم في الإدارة، وهذه تعد أحد الخدمات التي يمكن الإفادة منها في مجال الإدارة المدرسية مثل: إعداد الشهادات، وإعداد التقارير، وإعداد الصحف والمجلات وغيرها.

6ـ تطبيقات الوسائط المتعددة في الإدارة: والتي عن طريقها يتم تقديم عروض شيقة في اجتماعات مجالس أولياء أمور الطلبة واجتماعات المعلمين وغيرها لاحتوائها على الألوان، والصوت، والصور الثابتة والمتحركة، وأفلام الفيديو، وغيرها من التقنيات التربوية الحديثة (الموسى، 2003 ، 121 ـ 125).

قائمة المصادر

المصادر العربية

- الأزيرجاوي، فاضل محسن، (1991)، أسس علم النفس التربوي، دار الكتب للطباعة والنشر، جامعة الموصل، وزارة التعليم العالي والبحث العلمي.

- أبوجادو، صالح محمد علي، (1998): سيكولوجية التنشئة الاجتماعية، دار المسيرة للنشر والتوزيع، عمان -الأردن.

- أبوناصر، فتحي محمد (2008)، مدخل إلى الإدارة التربوية ـ النظريات والمهارات، ط1، دار المسيرة، عمان، الأردن.

- إبراهيم، عبد الستار،(1979)، آفاق جديدة في دراسة الإبداع، وكالة المطبوعات، الكويت.

- أحمد، أحمد إبراهيم. (2000)، الإدارة المدرسية الحديثة في مطلع القرن الحادي والعشرين، دار الفكر العربي، القاهرة.

- أحمد، لطفي بركات. (1979)، التربية والتكنولوجيا في الوطن العربي، دار المريخ، الرياض

- احمد، لطفي بركات (1981): دراسات في تطوير التعليم واثر العلاقات الإنسانية للمعلمين، دار المريخ، الرياض.

- إلياس، طه الحاج (1984): الإدارة التربوية والقيادة، مفاهيمها، وظائفها، نظرياتها، ط1، مكتبة الأقصى.

- آل ناجي، محمد بن عبد الله. (2004)، الإدارة الفاعلة لمدرسة المستقبل في القرن الحادي والعشرين، مكتبة الرشيد للنشر والتوزيع، الرياض.

- البستان، أحمد عبد الباقي، وآخرون. (2003)، الإدارة والإشراف التربوي

النظرية ـ البحث ـ الممارسة، ط 1، مكتبة الفلاح، الكويت.

- بستان، أحمد عبد الباقي وطه، حسن جميل،(1983)، مدخل إلى الإدارة التربوية، ط !، دار القلم، الكويت.

- البيلاوي، حسن حسين. (1996)، إدارة الجودة الشاملة في التعليم العالي بمصر، مؤتمر التعليم العالي في مصر وتحديات القرن الحادي والعشرين، جامعة المنوفية.

- الترتوري، محمد عوض، وجويحان، أغادير عرفات. (2006)، إدارة الجودة الشاملة في مؤسسات التعليم العالي والمكتبات ومراكز المعلومات، ط 1، دار المسيرة للنشر والتوزيع والطباعة، الأردن.

- جاب الله، رفعت محمد. (1990)إدارة الأفراد والسلوك التنظيمي، بل برنت للطباعة، جامعة الأزهر.

- جوهر، صلاح. (1995)، إدارة التعليم في الوطن العربي، دار الفكر العربي، القاهرة.

- جوهر، صلاح الدين. (1984). مقدمة في إدارة وتنظيم التعليم، مكتبة عين شمس، القاهرة.

- جوران، م. جوزيف. (1993)، دليل جوران إلى تعميم الجودة، تخطيط جودة المنتجات والخدمات، ترجمة: عبد الفتاح السيد النعماني، في مجلة خلاصات، السنة الأولى / العدد / 6.

- الجهني، محمد مفلح. (2004)، الجودة الشاملة رفضها الأمريكيون ثم استوردوها من اليابان، في مجلة المعرفة، العدد / 108.

- حامد، سليمان، 2009، الإدارة التربوية المعاصرة، ط1، دار أسامة للنشر والتوزيع، الأردن، عمان.

- الحجار، رائد حسين، (2004)، تقييم الأداء الجامعي من وجهة نظر أعضاء الهيئة

التدريسية بجامعة الأقصى في ضوء مفهوم إدارة الجودة الشاملة، مجلة جامعة الأقصى، العدد (2)، المجلد (8)، غزة.

- حسان، حسن محمد إبراهيم ومحمد حسنين العجمي، (2007)، الإدارة التربوية، ط 1، دار المسيرة للنشر والتوزيع والطباعة، عمان، الأردن.

- الحمالي، راشد. (2003)، إدارة الجودة الشاملة في مراكز المعلومات، في مجلة المكتبات والمعلومات العربية، المجلد (1)، العدد (5).

- خليل، أحمد سيد، (2005)، الجودة الشاملة في الجامعات العربية في ضوء الرؤى العالمية ' المؤتمر التربوي الخامس، كلية التربية جامعة البحرين.

- خليل، نبيل سعد، (2009)، الإدارة المدرسية المعاصرة في ضوء الفكر الإداري المعاصر، دار الفجر للنشر والتوزيع، القاهرة.

- الخطيب، أحمد والخطيب، رداح. (2006)، إدارة الجودة الشاملة تطبيقات تربوية، ط 2، عالم الكتب الحديثة، الأردن.

- داركر، بيتر. (1999). تحديات الإدارة في القرن الحادي والعشرين، الشركة العربية للإعلام العلمي، القاهرة.

- الدعيلج، إبراهيم بن عبد العزيز، (2009)، الإدارة العامة والإدارة التربوية ، ط 1، دار الرواد للنشر والتوزيع، الأردن، عمان.

- دمعة، مجيد إبراهيم ورهيف، علي هداد. (1976): الإدارة التربوية أسسها النظرية ومجالاتها العلمية، مطبعة جامعة بغداد.

- الدويك، تيسير وآخرون.(ب ت)، أسس الإدارة التربوية والمدرسية والإشراف التربوي، دار الفكر للنشر والتوزيع، عمان، الأردن.

- ديفز، وليام، (1988)، الكمبيوتر وتشغيل المعلومات الإدارية. ترجمة ك محمود عبد الرحمن وسرور علي، دار المريخ، الرياض.

- الراشد، فارس إبراهيم، (2004)، التعليم الالكتروني واقع وطموح، ورقة عمل مقدمة لندوة التعليم الالكتروني، الرياض.

- رايز، لندال، (1980)، مدخل علم النفس. ترجمة سيد طواب وآخرون، ط2، دار ماكجروهيل للنشر، القاهرة.

- ربيع، هادي مشعان. (2006)، الإدارة المدرسية والإشراف التربوي الحديث، ط 1، مكتبة المجتمع العربي، عمان.

- رسمي، محمد حسن، (2004)، أساسيات الإدارة التربوية، ط 1، دار الوفاء لدنيا الطباعة والنشر، جمهورية مصر العربية، الإسكندرية

- الرشيد، بشير وعمر خلف (1982) دراسة تحليلية لآراء نظار وناظرات المدارس حول الأهداف والإدارة التربوية في الكويت، المجلة التربوية، عدد خاص، الكويت.

- رضا، محمد جواد، (1984)، فلسفة التربية ومعضلة القصور الذاتي في التربية العربية المعاصرة، ط 2، شركة الربيعان للنشر والتوزيع، الكويت.

- الزعبي، دلال محمد. (2001)، أهمية المهارات الإدارية للمديرين ورؤساء الأقسام الإداريين في الجامعات الأردنية من وجهة نظرهم، في مجلة جامعة دمشق للعلوم التربوية، المجلد / 17، العدد / 3، دمشق.

- الزهيري، إبراهيم عباس، (2008)، الإدارة المدرسية ـ منظومة الجودة الشاملة، ط 1، دار الفكر العربي، القاهرة.

- الزوبعي، عبد الجليل، وآخرون، (1992)، علم النفس التربوي، ط 9، وزارة التربية، جمهورية العراق.

- زيدان، محمد مصطفى (1983): دراسة سيكولوجية تربوية لتلميذ التعليم العام، ط2، دار الشروق، جدة.

- سليمان، عرفات عبد العزيز. (1988)، الإدارة المدرسية في ضوء الفكر الإداري الإسلامي المعاصر، مكتبة الأنجلوالمصرية، القاهرة.

- سمعان، وهيب، (1960)، اتجاهات في الإدارة المدرسية، مكتبة الانجلوالمصرية، القاهرة.

- السفاسفة، عبد الرحمن إبراهيم، (2005)، إدارة التعليم والتعلم، مركز يزيد للخدمات الطلابية ، الأردن.

- السويدان، طارق محمد، والعدلوني، محمد أكرم، (2007)، مبادئ الإبداع، ط4، قرطبة للنشر والتوزيع، الرياض.

- شيلي. كاشمان. جينتر. (2011)، تقنيات تربوية حديثة، ترجمة: مصباح الحاج عيسى وآخرون، ط 2، دار الكتاب الجامعي، الإمارات العربية المتحدة.

- صالح، انور علي (1990): المهارات الإدارية لمديري المدارس الإعدادية من وجهة نظر المديرين أنفسهم ومدرسيهم، رسالة ماجستير (غير منشورة)، كلية التربية الأو لى ابن رشد، جامعة بغداد.

- صالح، قاسم حسين، (1981)، الإبداع في الفن،، دار الرشيد للنشر، بغداد.

- الصباح، أحمد عبد الـلـه،(1999)، أصول الإدارة الحديثة، دار البلاد للطباعة والنشر، جدة.

- صخي، حسن حطاب وآخرون. (1992)، الإدارة والإشراف التربوي، مطبعة وزارة التربية، بغداد.

- الصيرفي، أحمد إبراهيم. (1995)، تنظيم اليوم الدراسي، الإدارة المدرسية في البحرين، مجموعة الهلال للنشر، المنامة.

- طه، حسين ياسين وخان، أميمة يحيى علي. (1990)، علم النفس العام، مطابع التعليم العالي، الموصل.

- الطويل، هاني عبد الرحمن.(1998)، الإدارة التربوية والسلوك ألمنظمي، ط 3، دار وائل للنشر، الأردن، عمان).

- الطويل، هاني عبد الرحمن. (2001)، الإدارة التربوية والسلوك ألمنظمي، ط 3، دار وائل للنشر، الأردن، عمان.

- الضحيان، عبد الرحمن. (1990)، الإدارة في الإسلام (الفكر والتطبيق)، ط2، دار عالم الكتب، الرياض.

- عابدين، محمد عبد القادر. (2001)، الإدارة المدرسية الحديثة،دار الشروق للنشر والتوزيع، الأردن، عمان:.

- العاجز، فؤاد، ونشوان، جميل (2005)، تطوير التعليم الجامعي لتنمية المجتمع الفلسطيني في ضوء إدارة الجودة الشاملة، في مجلة الجودة في التعليم العالي، الجامعة الإسلامية، غزة، المجلد (1)، العدد (2).

- عاشور، أحمد صقر، (ب ت)السلوك الإنساني في المنظمات، دار المعرفة الجامعية، جامعة الإسكندرية.

- عاقل، فاخر. (1975)، علم النفس، ط4، دار العلم للملاين، بيروت.

- عبد الدايم، عبد اللـه. (1978)، التربية التجريبية والبحث التربوي، ط2، دار الثقافة للطباعة والنشر، القاهرة.

- عبد الوهاب، علي محمد. (1982)، مقدمة في الإدارة، معهد الإدارة العامة، الرياض.

- العجيلي، عيسى صالح.(1982)، مشاركة المدرسين في المدرسة، المنشأة العامة للنشر، طرابلس.

- العطار، إبراهيم يوسف. (2006)، واقع إدارة الجودة الشاملة في الجامعات الفلسطينية وسبل تطويره من وجهة نظر رؤساء الأقسام الأكاديمية بجامعات قطاع غزة،

(رسالة ماجستير غير منشورة، كلية التربية، الجامعة الإسلامية، غزة.

- العزاوي، محمد عبد الوهاب. (2005)، إدارة الجودة الشاملة، الطبعة العربية دار اليازوري للنشر والتوزيع، عمان، الأردن.

- عليمات، صالح ناصر.(2004)، إدارة الجودة الشاملة في المؤسسة التربوية - التطبيق ومقترحات التطوير، ط 1، دار الشروق للنشر والتوزيع، عمان.

- عساف، محمود. (1998)، أصول الإدارة، مكتب لطفي للآلات الكاتبة، الجيزة، مصر.

- العلاق، بشير. (1999)، أسس الإدارة الحديثة، ط 1، دار اليازوري العلمية، عمّان ــ الأردن.

- علي، كريم ناصر والدليمي، أحمد محمد. (2006)، الإدارة الصفية، ط1، دار الشروق للنشر والتوزيع، عمّان، الأردن.

- العمايرة، محمد حسن. (2000)، مبادئ الإدارة المدرسية، دار المسيرة، عمان، الأردن.

- غباري، ثائر، وأبوشعيرة، خالد. (2010)، القدرات العقلية بين الذكاء والإبداع، ط 1، مكتبة المجتمع العربي للنشر والتوزيع، عمان، الأردن.

- الغمري، إبراهيم. (1982)، الإدارة دراسة نظرية وتطبيقية مع مجموعة من الحالات العلمية والمباريات التدريسية، ط3، دار الجامعات المصرية، الإسكندرية.

- فهمي، محمد سيف الدين، ومحمود، حسين عبد الملك. (1993)، تطور الإدارة المدرسية في دول الخليج العربي، مكتب التربية العربي لدول الخليج، الرياض.

- الكبيسي، عبد الواحد حميد. (2010)، التفكير المنظومي ـ توظيفه في التعلم والتعليم ــ استنباطه من القرآن الكريم، ط1، ديبونوللطباعة والنشر والتوزيع، الأردن، عمان.

- محضر، حسين عبد الله. (1978)، الجديد في الإدارة المدرسية، ط 2، دار الشروق، جدة.

- محمود، قيس محمد. (1983)، مدخل إلى التفكير الإبداعي، المركز القومي للاستشارات والتطوير الإداري)، بغداد.

- مصطفى، صلاح عبد الحميد والنابة، نجاة عبد الله. (1986)، الإدارة التربوية، مفهومها، نظرياتها، رسائلها، دار القلم، دبي.

- مرسي، محمد منير. (1986)، الإدارة التعليمية أصولها وتطبيقها، عالم الكتب، القاهرة، جمهورية مصر العربية.

- المفيد، عاهد مطر حسين. (2006)، واقع الممارسات الإشرافية للمشرفين التربويين بوكالة الغوث بغزة في ضوء مبادئ الجودة الشاملة وسبل تطويره، (رسالة ماجستير غير منشورة)، كلية التربية، الجامعة الإسلامية، غزة.

- الموسى، عبد الله. (2003)، التعليم الالكتروني، جامعة الملك سعود (كلية التربية)، الرياض.

- موسى، غانم فنجان. (1990)، الاتجاهات الحديثة في إدارة الموارد البشرية، مطبعة الراية، بغداد.

- نبراي، يوسف إبراهيم. (1993)، الإدارة المدرسية الحديثة، مكتبة الفلاح، ط 2، الكويت.

- نجم، عبود نجم. (2011)، القيادة الإدارية في القرن الواحد والعشرين، ط1، دار صفا للنشر والتوزيع، عمان الأردن.

- نشوان، يعقوب حسين. (1992)، الإدارة والإشراف التربوي، ط3، دار الفرقان للطباعة والنشر والتوزيع، عمان، الأردن.

- هارجروف، روبرت. (2002)، الإدارة الرقمية، الشركة العربية للإعلام، القاهرة.

- هاشم، زكي محمود. (1989)، إدارة الموارد البشرية، ط 1، ذات السلاسل للطباعة والنشر والتوزيع، الكويت.

المصادر الأجنبية

- Atkinson، J. W.(1964). An introduction to motivation. Prince.:van No ton. N. J strand

- Applied Modern Approach، New York ، John Wiley and Sons In- Martinich، J.S.(1997): Production and Operation Management، An c،pp.599- 651

- B. H. Boar (1996): Strategic thinking for information technology J0hn Wiley and Sons ، inc،N.y،p5.

- Bone ، Edward de، lateral Thinking for Management ، (London: McGraw – Hill co...).

- Donaldson ، T. (1996)Values in Tension: Ethics Away from Home

- HBR، vol.(74)، No. (5) ، sep- Oct.

- Fulmer، R.M. (1978): The new Management ، Macmillan publishing Co.، New York.

- Ivancevich ،J.M. et al. (1989): Management:principles functions، Richard D. Irwin،inc.

- Kenezevich ، Stephen j.(1975): Administration of public Education 3 rd ed. ،New York: Harper and Row ، 1975

- Krause، G.A.) and Meier ،K. j. (2003):politics Policy ، and

Organizations: Frontiers in the scientific study of Bureaucracy ، University of Michigan press،p6.

-    Kuber ، M. (1978)، Management Consulting – A Gide to the profession، (Geneva: International (Labour Office.

-    Mises ،L.v.(2007); bureaucracy ، liberty fund ، Indianapolis.

-    Monann.W. (1975): Theoretical Dimensions of Educational Administration، Now York: Mac- mill an. Ch.4.

-    Reitz ، H. josepl (1977)، Behavior in Organization (Homewood: Richard D. Irwi).

-    Robbins ، Stephen P.(1976) ، The Administration Process ، (New jersy.، Prentic – Hall lnc.)

-    Sax. Richard W.(1980). Educational administration today: An Introductio. Berkeley، Califomia: Mc Cutchan publishing

-    Webster ، Frederick E.،(1974)Marketing for management (New York: Harper & Raw publishing co،).